BREVETS D'INVENTION

DESSINS ET MARQUES DE FABRIQUE

ÉTUDES SUR LES LOIS ACTUELLES

ET

SUR LES MODIFICATIONS QU'IL CONVIENT D'Y APPORTER,

PAR

J.-P. DAMOURETTE

Ingénieur

ANCIEN ÉLÈVE DE L'ÉCOLE POLYTECHNIQUE.

PARIS

VICTOR DALMONT, ÉDITEUR,

Précédemment Carilian-Gœury et V^{or} Dalmont,

LIBRAIRE DES CORPS IMPÉRIAUX DES PONTS ET CHAUSSÉES ET DES MINES,

Quai des Augustins, 49.

1858

VICTOR DALMONT, ÉDITEUR,

Précédemment Carilian-Gœury et Vve Dalmont,

LIBRAIRE DES CORPS IMPÉRIAUX DES PONTS ET CHAUSSÉES ET DES MINES,

Quai des Augustins, 49.

BREVETS D'INVENTION

DESSINS ET MARQUES DE FABRIQUE

ÉTUDES SUR LES LOIS ACTUELLES

ET

SUR LES MODIFICATIONS QU'IL CONVIENT D'Y APPORTER,

PAR

J.-P. DAMOURETTE

Ingénieur

ANCIEN ÉLÈVE DE L'ÉCOLE POLYTECHNIQUE.

In-8°. — Paris, 1858.— Prix : pour Paris, 3 fr.;
pour les départements, 3 fr. 25 c.

Une Commission instituée par M. le ministre de l'agriculture, du commerce et des travaux publics, dans le but d'examiner les réclamations adressées au sujet des brevets d'invention et de modifier les lois qui règlent actuellement ces priviléges, vient de rédiger un nouveau projet, qui a déjà subi la critique des Chambres de commerce et des principaux Comités consultatifs des arts et manufactures, et qui, soumis tout récemment aux délibérations de l'Assemblée législative, doit y être discuté dans une séance prochaine.

Le développement rapide de l'industrie et la propagation universelle de l'éducation, on pourrait même dire de l'intelligence, ont fait de la question des inventions l'une des plus intéressantes et des plus compliquées de notre époque. On ne doit donc pas s'étonner qu'elle ait attiré l'attention d'un gouvernement toujours disposé à accepter les améliorations qui ont pour but le bien-être général, et qu'une vaste enquête ait été ouverte à ce sujet.

Malheureusement, les modifications proposées par la Commission sont parfois incomplètes, parfois exagérées. On s'en rendra parfaitement compte en parcourant l'ouvrage de M. Damourette, dans lequel sont exposés et commentés les lois et les projets de loi relatifs, soit aux inventions, soit aux marques et dessins de fabrique.

TABLE DES MATIÈRES.

TYPOGRAPHIE HENNUYER, RUE DU BOULEVARD, 7, BATIGNOLLES.
Boulevard extérieur de Paris.

BREVETS D'INVENTION

DESSINS ET MARQUES DE FABRIQUE

TYP. HENNUYER, RUE DU BOULEVARD, 7. BATIGNOLLES.
Boulevard extérieur de Paris.

BREVETS D'INVENTION

DESSINS ET MARQUES DE FABRIQUE

ETUDES SUR LES LOIS ACTUELLES

ET

SUR LES MODIFICATIONS QU'IL CONVIENT D'Y APPORTER,

PAR

J.-P. DAMOURETTE

ANCIEN ÉLÈVE DE L'ÉCOLE POLYTECHNIQUE.

PARIS

VICTOR DALMONT, ÉDITEUR,

Précédemment Carilian-Gœury et V^{or} Dalmont,

LIBRAIRE DES CORPS IMPÉRIAUX DES PONTS ET CHAUSSÉES ET DES MINES,

Quai des Augustins, 49.

1858

TABLE DES MATIÈRES

CONTENUES DANS CETTE NOTE.

—

FIN DE LA TABLE DES MATIÈRES.

DIVISION DE LA NOTE.

La note que je publie aujourd'hui renferme deux parties distinctes :

Études des lois relatives aux brevets d'invention, d'addition et d'importation (première partie).

Études des lois relatives aux dessins et marques de fabrique (deuxième partie).

La marche suivie dans ces deux parties est la même ; elle consiste à exposer d'abord les projets de loi ou de règlements qui m'ont paru répondre le mieux aux besoins actuel , en mettant en regard, quand cela est nécessaire, le texte de la législation encore en vigueur ou des modifications proposées par le ministère public, puis à examiner les motifs qui m'ont déterminé dans les différentes réformes que je propose.

INTRODUCTION.

Il n'existe peut-être pas de loi dans notre législation qui ait provoqué autant de réclamations que la loi actuelle sur les brevets d'invention. Le gouvernement l'a compris et s'en est préoccupé à juste titre. Une Commission, instituée par M. le ministre de l'agriculture, du commerce et des travaux publics, dans le but d'examiner les réclamations adressées à ce sujet et de concilier les intérêts de tous, vient de rédiger un nouveau projet de loi sur les brevets d'invention. Ce projet a été soumis par M. le ministre à l'examen des Chambres de commerce et des Comités consultatifs des arts et manufactures.

La Commission avait certainement compris l'urgence du travail qui lui était confié. Il suffit pour s'en convaincre de rappeler comment elle s'exprime dans son rapport, en parlant de la loi du 5 juillet 1844, qui régit actuellement les brevets d'invention.

« Cependant, quelques années s'étaient à peine écoulées
« depuis sa mise à exécution, que déjà l'industrie signa-
« lait ses imperfections et son insuffisance. Telle est, de
« nos jours, la marche rapide du progrès industriel; telle
« est la puissance de développement que l'industrie
« éclairée par la science a conquise à notre époque, où
« chaque jour voit éclater ses merveilles, qu'on ne tarda
« pas à se plaindre de ne point trouver dans la loi de 1844
« toutes les garanties que les inventeurs peuvent en at-
« tendre. Des procès en surgirent, en non moins grand
« nombre que sous la précédente législation. On a vu des
« brevetés , auteurs des plus importantes découvertes.

« épuiser leurs ressources et leur intelligence à lutter
« contre des demandes en nullité ou en déchéance et
« courant de tribunaux en tribunaux, avec des fortunes
« diverses, parvenir à la fin de leur privilége sans avoir
« pu percevoir la juste rémunération de leurs travaux. Si
« quelques brevetés, exceptionnellement, ont pu mettre
« sans trouble leur invention à profit, c'est le plus sou-
« vent parce que cette invention, d'une minime impor-
« tance, était peu susceptible d'exciter des prétentions
« rivales. Il est résulté de là qu'il répugne souvent à l'in-
« venteur de se jeter dans la vie pleine d'agitations et
« d'inquiétudes d'une exploitation privilégiée, qui l'expose
« à voir un jour son honneur suspecté par une décision
« judiciaire basée sur le défaut de nouveauté de sa décou-
« verte, que le capital s'y engage avec hésitation, et que
« les applications les plus utiles tardent quelquefois à en-
« trer largement dans le domaine de la pratique.

« Avertie par des plaintes nombreuses, l'administration
« supérieure s'est préoccupée sérieusement de cette situa-
« tion. Pour en découvrir les causes et pour trouver le
« moyen d'y remédier, elle a ouvert une vaste enquête.
« Dès 1850 elle s'est adressée au Conseil général de l'agri-
« culture, des manufactures et du commerce. Elle a con-
« sulté ensuite les préfets, les Chambres de commerce et
« les Chambres consultatives des arts et manufactures sur
« les modifications dont la loi du 5 juillet 1844 leur pa-
« raissait susceptible... »

La Commission a compris l'urgence d'une réforme dans
les lois relatives aux brevets d'invention : cela est hors de
doute.

Mais, après la lecture du nouveau projet de loi, résultat
de ses études, je me demande si elle a compris également
toute l'importance d'une pareille réforme, ou si elle s'est

trouvée impuissante pour remédier complétement aux imperfections de la loi actuelle.

L'administration supérieure qui, dès 1850, a ouvert une vaste enquête sur ce sujet, au lieu de s'adresser seulement aux préfets, aux Conseils généraux, aux Chambres de commerce et aux comités consultatifs, aurait dû, il me semble, s'adresser également aux particuliers et provoquer leurs réclamations. Elle eût trouvé sans doute auprès d'eux des renseignements meilleurs et plus précis que ceux qui lui sont parvenus des divers Comités. Je ne doute pas que la Commission n'ait accueilli avec bienveillance les réclamations particulières qui lui sont parvenues. Mais ces réclamations ont dû être peu nombreuses, parce qu'un petit nombre seulement des intéressés a eu jusqu'ici connaissance de l'enquête ouverte par l'administration au sujet des brevets d'invention.

Cette erreur que la Commission a faite, en se privant des avis et des conseils de tous les intéressés, c'est-à-dire de la société laborieuse tout entière, il est du devoir de chacun, pendant qu'il en est temps encore, de la réparer autant que possible.

Déjà M. C.-B. Normand, du Havre, a pris l'initiative. Dans un ouvrage publié tout récemment, il a exposé avec élégance et clarté, sur le nouveau projet de loi relatif aux brevets d'invention, des observations fort justes, sur lesquelles je serai heureux de m'appuyer fréquemment dans le cours de cette note.

M. Normand a rendu par là doublement service à la société, en apportant à la question qui nous occupe le secours de ses lumières, et en engageant d'autres industriels à agir comme lui.

C'est ainsi qu'après la lecture de ses judicieuses observations, je me suis décidé à reprendre un travail déjà préparé depuis longtemps, à le modifier, en tenant compte des changements introduits par la Commission dans le nouveau projet de loi, et à le publier sous la forme la plus simple possible.

L'influence la plus importante sur les progrès industriels est réservée à la loi qui régit les brevets d'invention et les dessins de fabrique : elle est pour l'industrie ce que le Code civil et criminel est pour la société. La loi actuelle est devenue insuffisante et même incompatible avec nos besoins. Il est donc indispensable de la modifier ; mais il faut le faire de telle sorte qu'elle marche désormais d'accord avec nos progrès.

Le nouveau projet de loi proposé par M. le ministre de l'agriculture, du commerce et des travaux publics ne remplit pas complétement ces conditions. Avant qu'il soit discuté à l'Assemblée législative et au Sénat, il est urgent qu'il soit modifié ou du moins qu'il se présente accompagné de critiques justes et précises qui en fassent ressortir tous les défauts. C'est ainsi seulement que l'industrie pourra se délivrer des entraves inhérentes aux brevets d'invention, qui menacent de subsister en dépit des réclamations particulières, des dispositions bienveillantes de l'administration et des études sérieuses de la Commission.

BREVETS D'INVENTION

DESSINS ET MARQUES DE FABRIQUE

PREMIÈRE PARTIE.

BREVETS D'INVENTION, D'ADDITION, D'IMPORTATION. — CERTIFICATS
D'ADDITION. — INSTITUTION D'UN COMITÉ DU PROGRÈS INDUSTRIEL
ET D'AGENCES DE BREVETS.

Cette première partie se compose de neuf chapitres.

Dans le premier, j'ai rappelé les points principaux des diverses législations relatives aux inventions et découvertes.

Puis j'ai consacré successivement :

Les chapitres II et III à l'exposé et à l'examen du nouveau projet de loi de la Commission et des modifications que je propose d'y apporter;

Les chapitres IV et V à l'étude du règlement déterminant les diverses formalités relatives aux brevets;

Les chapitres VI et VII à l'étude du règlement portant constitution du comité du progrès industriel;

Enfin, les chapitres VIII et IX à l'étude du règlement relatif à la création d'agences de brevets.

CHAPITRE PREMIER.

DES DIVERSES LÉGISLATIONS RELATIVES AUX INVENTIONS OU DÉCOUVERTES.

Tout législateur chargé d'établir un projet de loi doit, avant d'entreprendre son travail, réunir avec le plus grand soin tous les matériaux qui peuvent lui être nécessaires; il doit pour cela puiser à la fois dans ses connaissances, dans celles de ses amis et surtout dans les ouvrages ou Codes, anciens ou récents, traitant du sujet qui l'occupe; enfin, il doit étudier avec soin tous les faits, particuliers ou généraux, qui sont susceptibles de lui fournir quelques documents. Cela fait, il ne lui faut plus que du discernement, du jugement et un peu d'expérience pour venir à bout de son œuvre.

Aujourd'hui, malgré mon inexpérience et le peu d'étendue de mes connaissances, j'ai entrepris de rectifier l'une des parties les plus délicates de notre législation; je veux parler de celle qui concerne les brevets et certificats d'invention. Je dois donc étudier tout d'abord les lois françaises ou étrangères promulguées jusqu'ici sur ce sujet. C'est, en effet, par là que je commencerai.

Les questions les plus importantes relatives aux brevets ou certificats d'invention sont les suivantes :

1° Quelles sont les inventions ou découvertes susceptibles d'être brevetées ?

2° Les demandes de brevets ou de certificats doivent-elles être soumises préalablement à un examen, et quelle doit être la nature de cet examen?

3° Quelle doit être la durée des brevets ou certificats accordés pour inventions et additions?

4° A quelles taxes doivent-ils être soumis?

5° L'exploitation doit-elle être exigée du breveté et quel est le délai qu'il faut accorder entre la prise du brevet et la mise en exploitation?

6° La déchéance doit-elle être déclarée pour retard ou défaut de payement de la taxe?

7° L'importateur d'une invention étrangère peut-il être breveté et doit-il obtenir les mêmes avantages que l'inventeur lui-même?

J'examinerai tour à tour comment ces diverses questions ont été résolues par les législateurs français ou étrangers des principaux pays.

1° Quelles sont les découvertes ou inventions susceptibles d'être brevetées?

Sur ce point toutes les législations sont d'accord. Elles établissent que des droits exclusifs et temporaires d'exploitation seront garantis pour « toute « découverte ou tout perfectionnement susceptible « d'être exploité comme objet d'industrie et de com- « merce. »

L'idée émise si simplement par la loi belge, que je viens de citer, se retrouve partout; les termes qui l'expriment sont seuls différents.

2° Les demandes de brevets ou de certificats doivent-elles être soumises préalablement à un examen et quelle doit être la nature de cet examen ?

Dans tous les pays, les demandes de brevets ou de certificats sont soumises à un examen qui a pour but de constater si l'invention est susceptible d'être brevetée et si les pièces annexées sont conformes aux prescriptions légales. Toutefois, en Angleterre, aux États-Unis, en Russie, en Prusse, dans les royaumes de Saxe, de Suède, de Bavière, de Hanovre et dans le grand-duché de Bade, les législateurs ont été un peu plus loin ; ils ont établi que la nouveauté et parfois même la valeur et l'utilité de l'invention seraient examinées et estimées, soit par le ministère public lui-même (royaume de Saxe), soit par une Commission spéciale (États-Unis, Russie, Prusse, Bavière, duché de Bade, Hanovre), soit enfin par les particuliers intéressés (Angleterre).

Sans insister sur les avantages qui peuvent résulter de cet examen, je remarquerai qu'il est possible, puisqu'il existe depuis plusieurs années chez les peuples les plus avancés.

3° Quelle doit être la durée des brevets ou certificats accordés pour inventions et additions ?

4° A quelle taxe doivent-ils être soumis ?

J'ai réuni dans le tableau suivant les durées maxima des brevets et les taxes correspondantes dans les principaux pays.

DURÉE maxima des brevets.	DÉSIGNATION DES PAYS ET DES LOIS.		TAXES TOTALES.
			Fr.
14 ans.	Angleterre..		4600
14 —	États-Unis d'Amérique	pour un Américain..	160
		pour un étranger....	1620
		pour un Anglais. ...	2700
15 —	Autriche..		1375
15 —	Bavière.		690
20 —	Belgique..		2110
20 —	Brésil..		»
15 —	Espagne..		4000
15 —	Pays-Bas. ...	variant suivant l'importance et la nature de la découverte....	de 1272 à 1590
15 —	Portugal..		340
15 —	Prusse..		»
10 —	Russie..		1822
15 —	Sardaigne..		1050
15 —	Saxe.........	variant suivant l'importance et la nature de la découverte....	de 75 à 112
15 —	Suède..		»
10 —	Wurtemberg.	variant suivant l'importance et la nature de la découverte....	de 125 à 500
15 — 20 — 12-16-20 25-30 ans.	France......	loi du 5 juillet 1844............	1560
		projet de loi de la Commission..	2400
		mon projet de loi.............	de 780 à 3120

La concordance des législations à l'égard de la durée maxima des brevets, fixée presque généralement à quinze années, peut porter à croire que c'est là le nombre qu'il convient d'adopter. Toutefois, il ne faut pas y attacher une trop grande importance; car je suis convaincu que, la plupart du temps, les législateurs, privés des documents nécessaires pour déterminer exactement cette durée, se sont bornés à consulter les lois et usages antérieurs.

La taxe ou redevance due au gouvernement varie au contraire beaucoup dans les différents pays. En moyenne elle est égale à 1,200 fr. environ de notre monnaie; en Angleterre elle s'élève à 4,600 fr., en Espagne à 4,000 fr.; tandis qu'elle se réduit aux frais de timbre et d'administration au Brésil, en Prusse et dans les royaumes de Suède et Norwége. Parfois cette taxe varie avec l'importance et la nature de la découverte; il en est ainsi dans les Pays-Bas et dans les royaumes de Saxe et de Wurtemberg; enfin, aux Etats-Unis, elle dépend de l'origine de l'inventeur.

Il faut chercher surtout dans la situation financière et industrielle du pays les causes des différences dans la taxe imposée aux brevetés, différences que la diversité d'idées et d'opinions des législateurs n'a fait qu'accroître.

Du reste, la recherche de ces causes n'étant que d'un intérêt secondaire, je ne m'y arrêterai pas davantage, et je passerai immédiatement à la cinquième question.

5° L'exploitation doit-elle être exigée du breveté, et quel est le délai qu'il faut accorder entre la prise du brevet et la mise en exploitation?

En Angleterre et en Belgique seulement, la loi n'exige pas la mise en exploitation d'une découverte brevetée. Quant au délai accordé, il varie d'un pays à un autre. Ainsi, il est d'un an pour l'Autriche, l'Espagne, la Sardaigne et la Saxe, de dix-huit mois pour les Etats-Unis, de deux ans pour le Brésil, les Pays-Bas, le Wurtemberg, de trois ans pour la Bavière, etc.; en France, il est actuellement de deux ans, et la Commission propose de le porter à trois années.

En général, ce délai est beaucoup trop court, surtout pour les grandes découvertes. Aussi me paraît-il nécessaire de lui donner une durée plus grande et en rapport avec l'importance de l'invention, comme cela se fait pour la taxe dans quelques pays. Je reviendrai, dans l'étude de mon projet de loi, sur les avantages qui doivent être la conséquence d'une telle innovation.

6° La déchéance doit-elle être déclarée pour retard ou défaut de payement de la taxe?

Il doit paraître évident que la même loi qui soumet les brevets à une taxe déclare leur déchéance à défaut de payement; mais, d'un autre côté, il peut arriver qu'un inventeur, qui s'est fait illusion sur les résultats de sa découverte, s'aperçoive de son erreur avant l'expiration de son brevet; dès lors, il doit avoir le droit de se rétracter, d'abandonner l'exploitation exclusive qui lui était garantie et, par conséquent, de ne plus payer la redevance à laquelle il était soumis. C'est donc à tort qu'en Angleterre, en Russie et dans les États-Unis, la taxe imposée aux brevetés est exigible à l'avance, en totalité ou en partie; elle doit être payable par annuités, comme cela a lieu dans les autres pays.

Quant aux retards auxquels le payement de ces annuités peut être sujet, les diverses lois n'en font pas mention en général; il est probable toutefois qu'ils entraînent la déchéance du brevet. Les législateurs belges sont les seuls qui accordent un délai de six mois au breveté qui n'a pas payé son annuité à l'échéance; ils le condamnent seulement à une amende de 10 francs. C'est là sans doute une bonne institution, qui, sans porter préjudice à personne, favorise les inventeurs entravés par des circonstances malheureuses et indépendantes de leur volonté : aussi, suis-je d'avis de l'introduire dans notre législation.

7° L'importateur d'une invention étrangère peut-il être breveté et doit-il obtenir les mêmes avantages que l'inventeur lui-même?

Dans tous les pays, excepté au Brésil, les découvertes étrangères sont susceptibles d'être brevetées. Aux Etats-Unis, en Autriche et en Belgique, elles ne peuvent l'être qu'au nom et sur la demande de l'inventeur ou de son mandataire; tandis que dans les Pays-Bas, en Espagne, en Portugal, en Russie, en Angleterre et dans les États Sardes, tout introducteur d'une invention, qui n'a pas encore reçu d'exploitation dans le pays, peut y prendre un brevet d'importation. Ce titre confère à l'impétrant les mêmes priviléges qu'un brevet d'invention; seulement, dans quelques pays (Espagne, Portugal, Prusse, Saxe, Russie), sa durée est beaucoup moindre. Enfin, au Brésil, il n'y a pas de brevet d'importation; mais l'introducteur reçoit une prime d'encouragement proportionnée à l'importance du produit ou procédé et aux difficultés vaincues : cet usage est peut-être le plus rationnel et le plus juste de tous.

Je n'ai envisagé jusqu'ici que quelques questions relatives aux brevets d'invention ; à la vérité, ce sont les plus importantes. Je n'ai point cherché à les discuter, j'ai seulement indiqué comment elles ont été résolues par les législateurs des différents pays. Dans les chapitres suivants, j'établirai le projet de loi que je propose d'adopter et je ferai valoir en même temps les diverses raisons qui m'ont conduit à modifier celui de la Commission nommée par M. le ministre de l'agriculture, du commerce et des travaux publics.

CHAPITRE II.

J'ai mis en regard, dans ce chapitre, deux projets de loi sur les brevets ; l'un, proposé par une Commission spéciale, a été soumis par le ministère public à l'examen des Chambres de commerce et de divers Comités consultatifs ; l'autre, qui m'est particulier, m'a paru répondre le mieux aux besoins actuels de l'industrie.

TITRE PREMIER.

(Projet de loi proposé dans cette note.)

DES BREVETS D'INVENTION, D'ADDITION, D'IMPORTATION ET DES CERTIFICATS D'ADDITION.

SECTION PREMIÈRE.

De l'objet, des effets et de la durée des brevets d'invention.

ART. 1. Toute nouvelle découverte ou invention, dans tous les genres d'industrie, confère à son auteur, français ou étranger, le droit exclusif de l'exploiter à son profit, sous les conditions et pour les temps ci-après-déterminés.

Ce droit est constaté par des titres que délivre le gouvernement, sous le nom de *brevets d'invention.*

ART. 2. Sont considérées comme inventions ou découvertes nouvelles :

L'invention de nouveaux produits industriels;

TITRE PREMIER.

(Projet de loi de la Commission.)

DES BREVETS ET DES CERTIFICATS D'ADDITION.

SECTION PREMIÈRE.

De l'objet, des effets et de la durée des brevets.

ART. 1. Toute nouvelle découverte ou invention, dans tous les genres d'industrie, confère à son auteur, français ou étranger, le droit exclusif de l'exploiter à son profit, sous les conditions et pour le temps ci-après déterminés.

Ce droit est constaté par des titres que délivre le gouvernement, sous le nom de *brevets d'invention*.

ART. 2. Sont considérées comme inventions ou découvertes nouvelles :

L'invention de nouveaux produits industriels;

Le perfectionnement ou l'application à un nouvel usage d'un produit industriel déjà connu ;

L'invention de nouveaux moyens ;

Le perfectionnement ou l'application nouvelle de moyens connus pour l'obtention d'un résultat ou d'un produit industriel.

Ne sont pas réputées nouvelles, et par conséquent ne sont pas susceptibles d'être garanties par un brevet d'invention, les découvertes, inventions ou applications qui, en France ou à l'étranger, ont reçu une publicité assez complète pour pouvoir être exécutées entièrement sans addition ni modification.

Art. 3. Les brevets sont délivrés, après examen préalable d'un Comité spécial, dit Comité du progrès industriel, aux risques et périls du demandeur et sans garantie soit de la réalité, de la nouveauté ou du mérite de l'invention, soit de la fidélité ou de l'exactitude de la description.

Art. 4. La priorité est acquise à l'inventeur à partir du dépôt de la demande du brevet au lieu qui sera indiqué par le règlement d'administration publique à intervenir en exécution de la présente loi.

Pendant les six mois qui suivent le dépôt, la description de l'invention est tenue secrète par le gouvernement.

Après ce délai, toute personne peut en prendre communication.

Art. 5. La durée des brevets est fixée à douze ans à partir du dépôt.

Sur la demande de l'inventeur, la durée d'un bre-

L'invention de nouveaux moyens ou l'application nouvelle de moyens connus pour l'obtention d'un résultat ou d'un produit industriel.

Ne sont pas réputées nouvelles les découvertes, inventions ou applications qui, en France ou à l'étranger, ont reçu, antérieurement au dépôt de la demande de brevet, une publicité assez complète pour pouvoir être exécutées.

Art. 3. Nul ne peut se prévaloir contre le droit exclusif du breveté de l'usage qu'il aurait fait de l'invention ou de l'exploitation à laquelle il se serait livré antérieurement au brevet, si cette exploitation ou cet usage n'a pas donné à l'invention une publicité suffisante pour entraîner la nullité du brevet, conformément aux articles 2 et 12.

Art. 4. Les brevets sont délivrés, sans examen préalable, aux risques et périls des demandeurs et sans garantie, soit de la réalité de la nouveauté ou du mérite de l'invention, soit de la fidélité ou de l'exactitude de la description.

Art. 5. La propriété est acquise à l'inventeur à partir du dépôt de la demande du brevet au lieu qui sera indiqué par le règlement d'administration publique à intervenir en exécution de la présente loi.

Pendant les six mois qui suivent le dépôt, la description de l'invention est tenue secrète par le gouvernement.

Après ce délai, toute personne peut en prendre communication.

Art. 6. La durée des brevets est fixée à vingt ans à partir du dépôt.

vet pourra être fixée à seize ou à vingt années par le Comité du progrès industriel.

Par autorisation spéciale du ministre du commerce, de l'agriculture et des travaux publics, et sur la demande de l'inventeur fortifiée de l'approbation du Comité du progrès industriel, la durée d'un brevet pourra être portée exceptionnellement à vingt-cinq et même trente années.

Dans aucun cas la durée d'un brevet ne pourra excéder trente années.

Art. 6. Tous les brevets seront répartis par le Comité du progrès industriel, suivant leur objet et leur importance, en cinq catégories. Ces catégories seront modifiées chaque année, si besoin est, et resteront toujours en rapport avec l'état de l'industrie.

Art. 7. Chaque brevet donne lieu :

1° Au payement immédiat d'une taxe fixe de 25 francs ne pouvant être remboursée.

2° Au payement d'une taxe annuelle progressive qui dépendra de la catégorie dans laquelle le brevet aura été classé, et déterminée par le tableau annexé à la présente loi.

Chaque annuité est payée d'avance. Dans aucun cas les annuités payées ne peuvent être remboursées.

SECTION II.

Des changements, perfectionnements ou additions.

Art. 8. Les brevetés ou leurs ayants droit, qui apportent des changements, perfectionnements ou ad-

Chaque brevet donne lieu au payement d'une taxe annuelle ainsi fixée :

20 francs pour la première année, 40 francs pour la deuxième, 50 francs pour la troisième, et ainsi de suite en augmentant, chaque année, de 20 francs l'annuité précédente.

Chaque année est payée d'avance. Dans aucun cas les annuités payées ne peuvent être remboursées.

ART. 7. L'auteur d'une invention ou découverte déjà brevetée à l'étranger peut obtenir un brevet en France.

La durée de ce brevet ne peut excéder celle des brevets antérieurement pris à l'étranger.

SECTION II.

Des changements, perfectionnements ou additions.

ART. 8. Les brevetés ou leurs ayant droits, qui apportent des changements, perfectionnements ou additions à leur découverte, peuvent prendre à ce sujet un certificat d'addition.

Les certificats d'addition ne peuvent être obtenus que pendant la durée du brevet auquel ils se rattachent. Ils prennent fin en même temps que ce brevet.

Ils donnent lieu au payement d'une taxe unique de 25 francs.

ART. 9. Toute personne peut prendre un brevet d'addition pour changement, perfectionnement ou addition à une découverte déjà brevetée.

Les brevets d'addition ne peuvent être obtenus que pendant la durée du brevet auquel ils se rattachent. Ils prennent fin en même temps que ce brevet.

Ils donnent lieu au payement des mêmes taxes que les brevets d'invention.

ART. 10. Le breveté ou ses ayants droit peuvent s'opposer à l'obtention, en faveur d'un tiers, d'un brevet d'addition concernant la découverte qui leur appartient.

Mais ils s'engageront à payer à ce tiers, à titre de compensation, une somme déterminée par le Comité du progrès industriel.

Les réglements du Comité indiqueront la manière dont cette somme devra être acquittée par le breveté ou par ses ayants droit.

ART. 11. Celui qui a pris un brevet d'addition n'a le droit d'exploiter que le changement, perfectionnement ou addition dont il est auteur; réciproquement, le titulaire du premier brevet ne peut exploiter l'invention qui fait l'objet du second.

ditions à leur découverte, peuvent prendre à ce sujet soit de nouveaux brevets, soit des certificats d'addition.

Les certificats d'addition ne peuvent être obtenus que pendant la durée du brevet auquel ils se rattachent. Ils prennent fin en même temps que ce brevet.

Ils donnent lieu au payement d'une taxe unique de 20 francs.

Art. 9. Toute personne peut prendre un brevet pour changement, perfectionnement ou addition à une découverte déjà brevetée.

Néanmoins, pendant l'année qui suit la délivrance du brevet principal, la demande du breveté ou de ses ayants droit obtient la préférence.

Jusqu'à l'expiration de l'année, les demandes faites par les tiers demeurent déposées, sous cachet, au ministère de l'agriculture, du commerce et des travaux publics.

Art. 10. Celui qui a pris un brevet pour changement, perfectionnement ou addition, n'a pas le droit d'exploiter l'invention déjà brevetée, et, réciproquement, le titulaire du premier brevet ne peut exploiter l'invention qui fait l'objet du second.

SECTION III.

Des brevets d'importation.

ART. 12. L'auteur d'une invention ou découverte déjà brevetée à l'étranger peut obtenir en France un brevet d'importation. La durée de ce brevet ne pourra excéder celle des brevets antérieurement pris à l'étranger, et sera au maximum de six ans.

ART. 13. Toute personne qui fait connaître une invention ou découverte n'ayant pas encore été exploitée en France, mais exploitée dans un autre pays, ou décrite dans un ouvrage français ou étranger, peut prendre un brevet d'importation, à la condition, toutefois, que l'exploitation ou la publication de cette invention ou découverte ait été faite au moins dix années antérieurement à la demande du brevet.

La durée des brevets d'importation sera de six ans.

ART. 14. Les brevets d'importation donnent lieu à une taxe fixe de 25 francs et à une taxe annuelle et progressive égale à celle des brevets d'invention pendant les six premières années et dépendant, par conséquent, de la catégorie dans laquelle ils sont classés par le Comité du progrès industriel.

SECTION IV.

De la cession des brevets.

ART. 15. Tout brevet d'invention, d'addition, d'importation, et tout certificat peut être cédé, en

SECTION III.

De la cession des brevets.

ART. 11. Tout brevet peut être cédé en totalité ou en partie, à titre gratuit ou onéreux.

totalité ou en partie, à titre gratuit ou onéreux.

' La cession doit être faite par acte authentique et par l'entremise d'un agent de brevets désigné par le gouvernement.

Elle n'est valable, à l'égard des tiers, que par son enregistrement au ministère de l'agriculture, du commerce et des travaux publics.

SECTION V.

Des refus, des nullités et des déchéances de brevets.

Art. 16. Le Comité du progrès industriel refusera toute demande de brevet d'invention, d'addition, d'importation ou de certificat d'addition dans les cas suivants, savoir :

1° Si la découverte, invention ou application, est reconnue contraire à l'ordre ou à la sûreté publique, aux bonnes mœurs et aux lois de l'empire.

2° Si le brevet ou certificat est relatif à des compositions pharmaceutiques ou à des remèdes de toute espèce.

3° Si le brevet ou certificat porte sur des compositions, armes ou inventions quelconques relatives à l'art de la guerre, et dont l'exploitation est reconnue nuisible.

4° Si le brevet ou certificat porte sur des principes, méthodes, systèmes, découvertes et conceptions théoriques ou purement scientifiques, dont on n'a pas indiqué les applications industrielles, ou sur

La cession doit être faite par acte authentique.

Elle n'est valable, à l'égard des tiers, que par son enregistrement au ministère de l'agriculture, du commerce et des travaux publics.

SECTION IV.

Des nullités et des déchéances de brevets.

Art. 12. Est nul et de nul effet tout brevet délivré dans les cas suivants, savoir :

1° Si la découverte, invention ou application est reconnue contraire à l'ordre ou à la sûreté publique, aux bonnes mœurs et aux lois de l'empire.

2° Si le brevet a été délivré pour compositions pharmaceutiques ou remèdes de toute espèce.

3° S'il porte sur des principes, méthodes, systèmes, découvertes et conceptions théoriques, ou purement scientifiques, dont on n'a pas indiqué les applications industrielles, ou sur des plans et combinaisons de crédit ou de finance.

4° Si la découverte, invention ou application n'est pas nouvelle.

5° Si le titre sous lequel le brevet a été demandé indique frauduleusement un objet autre que le véritable objet de l'invention.

6° Si la description, jointe à l'original du brevet,

des plans et combinaisons de crédit ou de finance.

5° Si les formalités exigées pour l'obtention d'un brevet ou d'un certificat n'ont pas été remplies rigoureusement et en totalité.

6° Si le brevet ou certificat est demandé pour une découverte ou invention faite par un agent de l'Etat, dans l'accomplissement d'une mission spéciale, ou sous la direction du gouvernement.

Toute demande de brevet concernant une découverte, invention ou application qui n'est pas nouvelle, sera rejetée par le Comité, à moins que cette découverte ne soit connue depuis dix ans et non encore exploitée en France.

Sera également rejetée toute demande de certificat d'addition comprenant des changements, perfectionnements ou additions qui ne se rattachent pas au brevet principal.

Art. 17. Est nul et de nul effet tout brevet délivré contrairement à l'un des règlements de l'article précédent.

Art. 18. Est déchu de tous ses droits :

1° Le breveté qui n'a pas acquitté son annuité avant le commencement de chacune des années de la durée de son brevet, à moins qu'il n'ait fait valoir des raisons suffisantes auprès du Comité, et qu'il n'ait acquitté, dans les six mois qui suivent, une somme double de cette annuité.

2° Le breveté qui n'a pas mis en exploitation ses découvertes ou inventions en France dans le délai de :

Dix-huit mois pour les première et deuxième catégories ;

n'est pas suffisante pour l'exécution de l'invention,
ou si elle n'indique pas d'une manière complète et
loyale les véritables moyens de l'inventeur.

7° Si le brevet a été pris contrairement au droit
de préférence conféré par l'article 9.

8° S'il l'a été pour une invention ou découverte
faite par un agent de l'Etat, dans l'accomplissement
d'une mission spéciale ou sous la direction du gouvernement.

Est également nul et de nul effet tout certificat
comprenant des changements ou additions qui ne
se rattachent pas au brevet principal.

ART. 13. Est déchu de tous ses droits :

1° Le breveté qui n'a pas acquitté son annuité
avant le commencement de chacune des années de
la durée de son brevet.

2° Le breveté qui n'a pas mis en exploitation sa
découverte ou invention en France dans le délai de
trois ans, à dater du jour de la délivrance du brevet,
ou qui a cessé de l'exploiter pendant trois années
consécutives.

3° Le breveté qui a introduit en France des objets
fabriqués en pays étrangers, et semblables à ceux
qui sont garantis par son brevet.

Néanmoins, le ministre de l'agriculture, du commerce et des travaux publics pourra autoriser l'introduction par le breveté :

1° De modèles et de machines ; 2° d'objets fabriqués
à l'étranger destinés à des expositions publiques ou à
des essais faits avec l'assentiment du gouvernement.

Trois ans pour les troisième et quatrième catégories;

Quatre ans pour la cinquième catégorie.

Ce délai comptera à partir du jour de la délivrance du brevet et pourra être prolongé de moitié par le Comité du progrès industriel, sur la demande du breveté.

3° Est également déchu de tous ses droits le breveté qui a cessé d'exploiter sa découverte pendant deux années consécutives.

4° Ainsi que le breveté qui a introduit en France des objets fabriqués en pays étrangers, et semblables à ceux qui sont garantis par son brevet.

Néanmoins, le ministre de l'agriculture, du commerce et des travaux publics pourra, sur la demande du Comité du progrès industriel, et dans des cas exceptionnels, autoriser l'introduction de modèles et d'objets fabriqués à l'étranger et brevetés en France.

TITRE II.

(Suite du projet de loi proposé dans cette note.)

DES ACTIONS RELATIVES AUX BREVETS D'INVENTION.

Le titre II de ce projet de loi ne diffère du titre II du projet de loi de la Commission que par les changements suivants :

1° ART. 14. Les mots : *en validité*, sont supprimés.

2° L'article 16 est remplacé par celui qui suit :

ART. 21. Le Comité du progrès industriel donne son avis sur toutes les questions relatives aux brevets.

3° La section II, intitulée : *Des actions en validité de brevets*, est entièrement supprimée.

TITRE II.

(Suite du projet de loi de la Commission.)

DES ACTIONS RELATIVES AUX BREVETS D'INVENTION.

SECTION PREMIÈRE.

De la juridiction ou de la procédure,

ART. 14. Les demandes en validité, en nullité ou en déchéance de brevets, les contestations relatives à la propriété des brevets sont portées devant les tribunaux civils de première instance.

Les actions ou poursuites en contrefaçon sont portées, suivant les cas déterminés par la présente loi, soit devant les Tribunaux civils, soit devant les Tribunaux correctionnels.

Dans les Tribunaux composés de plusieurs Chambres, l'une de ces Chambres est spécialement chargée de juger les contestations civiles relatives aux brevets.

ART. 15. Les affaires portées devant les Tribunaux civils sont instruites et jugées comme affaires sommaires.

Le délai d'appel est de quinze jours pour les parties en cause et d'un mois pour le ministère public, agissant comme partie principale.

Le délai du pourvoi en cassation est d'un mois. Il est statué dans les quarante jours par la Chambre des requêtes. En cas d'admission, le défendeur est assigné dans le mois devant la Chambre civile, qui statue d'urgence.

ART. 16. Un Comité spécial institué auprès du ministère de l'agriculture, du commerce et des travaux publics, donne un avis sur toutes les questions relatives aux brevets que le ministre ou les Tribunaux, par son entremise, croient devoir lui déférer.

SECTION II.

Des actions en validité de brevets.

ART. 17. Tout inventeur peut, deux ans après la délivrance ou une année au moins après la mise en exploitation de son brevet, faire statuer sur sa validité, dans les formes suivantes :

ART. 18. A cet effet, il présente une requête au président du Tribunal de son domicile.

Cette requête contient élection de domicile au chef-lieu de l'arrondissement et constitution d'avoué. Le président fixe la somme nécessaire pour l'instruction de l'affaire, ordonne la consignation de cette somme et la communication de la demande au ministère public.

ART. 19. Après le dépôt de la somme déterminée par l'ordonnance du président, une copie de la requête et de l'ordonnance est transmise dans la quinzaine par le procureur impérial au ministre de l'agriculture, du commerce et des travaux publics.

Le ministre adresse, dans les formes administratives, une copie du brevet, de la description et des dessins y annexés, aux secrétariats des préfectures, aux Chambres de commerce, aux Chambres consultatives des arts et manufactures, et, s'il le juge utile, aux greffes des Tribunaux de commerce et aux Conseils de prud'hommes, le tout aux frais du demandeur.

Ces frais sont prélevés sur la somme consignée.

Ce dépôt est constaté par un arrêté ministériel notifié au breveté et communiqué au procureur impérial.

A la diligence du breveté un extrait de la requête mentionnant le dépôt effectué est publié trois fois, de mois en mois, dans le *Moniteur*. Le président peut, en outre, ordonner l'insertion de cet extrait dans d'autres journaux.

La première publication a lieu dans la quinzaine de la notification de l'arrêté ministériel.

Toute personne peut prendre communication des pièces déposées et s'en faire délivrer expédition à ses frais.

ART. 20. Dans les trois mois qui suivent la dernière publication, toute personne est admise à former opposition à la demande du breveté.

Cette opposition est motivée.

Elle contient constitution d'avoué, élection de domicile au chef-lieu de l'arrondissement où la demande est portée; le tout à peine de nullité.

Elle est signifiée, par un simple acte, au ministère public et à l'avoué du demandeur.

ART. 21. Après l'expiration du délai fixé par l'article précédent, le ministère constate par un arrêté l'accomplissement des formalités prescrites.

Il transmet cet arrêté au procureur impérial, avec son avis motivé ou celui du Comité spécial mentionné à l'article 16. Il y joint tous autres documents qu'il juge convenables.

Art. 22. Ces formalités remplies, l'affaire est portée à l'audience, soit à la requête du procureur impérial, agissant comme partie principale, soit à la requête de la partie la plus diligente.

Dans tous les cas, le jugement est rendu sur le rapport d'un juge et sur les conclusions du ministère public.

Art. 23. Le jugement ou l'arrêt qui statue sur l'instance en validité a l'autorité de la chose jugée, même à l'égard des tiers.

Le brevet validé ne peut être attaqué que si le breveté encourt à l'avenir la déchéance pour les causes énoncées dans l'article 13.

SECTION III.

Des actions en nullité ou en déchéance.

Art. 24. L'action en nullité et l'action en déchéance peuvent être exercées par toute personne y ayant intérêt.

Elles peuvent l'être également à la requête du ministère public.

Art. 25. Tous les ayants droit au brevet dont les titres sont enregistrés au ministère de l'agriculture, du commerce et des travaux publics, doivent être mis en cause.

Art. 26. Si la demande est dirigée en même temps contre le titulaire du brevet et contre un ou plusieurs cessionnaires partiels, elle est portée devant le Tribunal du domicile du titulaire du brevet.

Art. 27. Lorsque la demande est formée à la requête du ministère public, le jugement qui prononce la nullité ou la déchéance produit son effet même au profit des tiers.

Dans toute instance introduite par les parties intéressées, le ministère public peut également prendre des réquisitions pour faire prononcer la nullité ou la déchéance absolue du brevet.

SECTION IV.

Des actions et poursuites en contrefaçon.

§ 1. — De l'action civile en contrefaçon.

Art. 28. Toute atteinte portée aux droits du breveté, soit par la fabrication de produits, soit par l'emploi de moyens faisant l'objet de son brevet, constitue la contrefaçon.

Dans les six mois pendant lesquels la description demeure secrète, nul, à moins qu'il n'ait agi sciemment, ne peut être poursuivi pour contrefaçon.

Ceux qui ont sciemment recélé, vendu, exposé en vente ou introduit sur le territoire français un ou plusieurs objets contrefaits, sont assimilés aux contrefacteurs.

Art. 29. L'action en contrefaçon, intentée à la requête du breveté ou de ses ayants droit, est portée devant les Tribunaux civils de première instance.

Art. 30. Tout propriétaire peut, en vertu d'une ordonnance rendue par le président du Tribunal de première instance, ou même par le juge de paix, dans les cantons où ne siége pas le Tribunal, faire procéder par huissier à la description et, s'il le juge utile, à la saisie des objets qu'il prétend contrefaits.

L'ordonnance est rendue sur simple requête et sur la représentation du brevet et du récépissé constatant le payement de la dernière annuité. Elle contient, s'il y a lieu, la nomination d'un expert pour aider l'huissier dans sa description.

Lorsque la saisie est requise, elle n'est autorisée que sous la condition du dépôt préalable d'un cautionnement déterminé par l'ordonnance.

Une copie de l'ordonnance et de l'acte constatant le dépôt du cautionnement est laissée au détenteur des objets décrits ou saisis ; le tout à peine de nullité et de dommages-intérêts contre l'huissier.

Art. 31. A défaut par le requérant d'avoir introduit son action dans le délai de huitaine, outre un jour par trois myriamètres de distance entre le lieu où se trouvent les objets et le domicile du défendeur, la saisie ou la description est nulle de plein droit, sans préjudice des dommages-intérêts qui peuvent être réclamés, s'il y a lieu, dans la forme prescrite par les articles 14 et suivants.

Art. 32. Lorsque la contrefaçon est établie, le Tribunal condamne le contrefacteur à des dommages-intérêts pour réparation du préjudice causé.

Il prononce en outre, au profit du demandeur, la confiscation des objets reconnus contrefaits et celle des instruments ou ustensiles spécialement destinés à leur fabrication.

Il ordonne, s'il y a lieu, l'affiche du jugement.

La confiscation des objets reconnus contrefaits est prononcée, alors même que celui auquel ils appartiennent ne serait pas condamné comme contrefacteur. A l'égard des instruments ou ustensiles, le Tribunal peut, dans ce cas, se borner à interdire au défendeur d'en faire usage pour confectionner des produits faisant l'objet du brevet.

Si les contrefacteurs ont agi sciemment, le Tribunal civil peut, en outre, sur les réquisitions du ministère public, les condamner suivant les cas portés dans les articles 34 et 35.

§ 2. — De la poursuite correctionnelle en contrefaçon.

ART. 33. La contrefaçon est un délit lorsque les faits qui la constituent, aux termes de l'article 28, ont été commis sciemment.

La poursuite du délit de contrefaçon ne peut être exercée devant les Tribunaux correctionnels qu'à la requête du ministère public et sur la plainte de la partie lésée.

Si, devant le Tribunal correctionnel saisi d'une poursuite en contrefaçon, le prévenu soulève soit des exceptions tirées de la nullité ou de la déchéance du brevet, soit des questions relatives à la propriété du·

dit brevet, il est sursis jusqu'à ce qu'il ait été statué par le Tribunal civil sur ces moyens préjudiciels.

Dans ce cas, le jugement fixe un bref délai dans lequel le prévenu devra saisir les juges compétents et justifier de ses diligences; sinon il sera passé outre.

Art. 34. Le délit de contrefaçon entraîne contre les contrefacteurs et leurs complices la condamnation à une amende de 100 à 2,000 francs.

Le breveté ou ses ayants droit peuvent se porter parties civiles.

Art. 35. La peine d'emprisonnement d'un mois à un an peut, en outre, être prononcée:

1° Si le contrefacteur est un ouvrier ou un employé ayant travaillé dans les ateliers ou dans l'établissement du breveté;

2° Si le contrefacteur, s'étant associé avec un ouvrier ou un employé du breveté, a eu ainsi connaissance du mode d'exploitation des procédés décrits au brevet : dans ce cas, l'ouvrier ou l'employé peut être poursuivi comme complice;

3° En cas de récidive.

Art. 36. Il y a récidive lorsque, dans les cinq années antérieures, il a été prononcé contre le prévenu une première condamnation pour un des délits prévus par la présente loi, sans préjudice de l'application, s'il y a lieu, des dispositions du Code pénal en matière de récidive.

TITRE III.

(Suite du projet de loi proposé dans cette note.)

DISPOSITIONS DIVERSES.

ART. 35. Les brevets d'invention peuvent être expropriés pour cause d'utilité publique, soit avant, soit après leur délivrance.

Les causes d'expropriation peuvent être indiquées par toute personne au Comité du progrès industriel qui les présentera, s'il le juge à propos, au ministère de l'agriculture, du commerce et des travaux publics.

L'utilité publique est déclarée par décret impérial.

L'expropriation est prononcée contre tous les ayants droit par le Tribunal civil du domicile du titulaire du brevet.

L'indemnité est fixée par le Comité du progrès industriel.

ART. 36. Sera puni d'une amende de 50 francs à 1,000 francs :

1° Tout individu qui, dans des enseignes, annonces, prospectus, affiches, marques ou estampilles, aura pris la qualité de breveté sans posséder un brevet ;

2° Tout breveté qui, employant les mêmes moyens de publicité, aura pris cette qualité après avoir encouru la déchéance ou après l'expiration de son brevet ;

TITRE III.

(Suite du projet de loi de la Commission.)

DISPOSITIONS DIVERSES.

ART. 37. Les brevets d'invention peuvent être expropriés pour cause d'utilité publique.

L'utilité publique est déclarée par décret impérial.

L'expropriation est prononcée contre tous les ayants droit par le Tribunal civil du domicile du titulaire du brevet.

L'indemnité est fixée par un jury composé conformément aux dispositions de la loi du 3 mai 1841.

ART. 38. Sera puni d'une amende de 50 francs à 1,000 francs :

1° Tout individu qui, dans des enseignes, annonces, prospectus, affiches, marques ou estampilles, aura pris la qualité de breveté sans posséder un brevet ;

2° Tout breveté qui, employant les mêmes moyens de publicité, aura pris cette qualité après avoir encouru la déchéance ou après l'expiration de son brevet ;

3° Tout breveté qui, dans des publications de même nature, aura mentionné son brevet, sans désigner l'objet spécial pour lequel il l'a obtenu.

En cas de récidive, l'amende peut être portée au double et il peut, en outre, être prononcé un emprisonnement d'un mois à six mois.

3° Tout breveté qui, dans des publications de même nature, aura mentionné son brevet, sans désigner l'objet spécial pour lequel il l'a obtenu.

En cas de récidive, l'amende peut être portée au double, et il peut, en outre, être prononcé un emprisonnement d'un mois à six mois.

ART. 37. Un décret impérial, rendu dans les formes des règlements d'administration publique, déterminera toutes les dispositions nécessaires pour l'exécution de la présente loi.

Il réglera notamment les formalités et les conditions concernant la demande et la délivrance des brevets ou des certificats d'addition, le secret, la communication, la publication des pièces qui y sont relatives, l'enregistrement des cessions, la composition et les attributions du Comité spécial du progrès industriel, le nombre des agents de brevets, la patente qu'ils doivent payer à l'État et leurs attributions; la publication des jugements prononçant la délivrance, le refus, la nullité, la déchéance ou l'expropriation des brevets ou certificats d'addition.

ART. 38. Les brevets d'invention, d'importation ou de perfectionnement et les certificats d'addition, actuellement en exercice, délivrés ou prorogés conformément aux lois antérieures, conservent leur effet.

Les titulaires de ces brevets d'invention ont le droit d'en demander la prolongation jusqu'au terme de seize, vingt, vingt-cinq ou trente années, y compris la durée qui leur avait été préalablement assignée, sous la condition de payer, pendant le temps de la prolongation, une taxe annuelle calculée sur les bases

La fausse indication dans les publications mentionnées au présent article d'un brevet comme judiciairement validé entraîne, même sans qu'il y ait récidive, outre l'amende ci-dessus, la peine de l'emprisonnement d'un mois à six mois.

Art. 39. Un décret impérial, rendu dans la forme des règlements d'administration publique, déterminera toutes les dispositions nécessaires pour l'exécution de la présente loi.

Il réglera notamment les formalités et les conditions concernant la demande et la délivrance des brevets et des certificats d'addition, le secret, la communication et la publication des descriptions et dessins, l'enregistrement des cessions, l'instruction administrative des demandes en validité, la composition et les attributions du Comité spécial mentionné dans l'article 16, la publication des jugements prononçant la validité, la nullité ou la déchéance et l'expropriation des brevets pour cause d'utilité publique.

Art. 40. Les brevets d'invention, d'importation et de perfectionnement actuellement en exercice, délivrés ou prorogés conformément aux lois antérieures, conservent leur effet.

Les titulaires ont le droit d'en demander la validité, conformément aux articles 17 et suivants.

Ils jouissent également du droit de les prolonger jusqu'au terme de vingt années, y compris la durée qui leur avait été précédemment assignée, sous la seule condition de payer, pendant le temps de la prolongation, une taxe annuelle calculée sur les bases fixées par l'article 6.

fixées par l'article 5. Mais cette prolongation ne sera accordée qu'après examen, soit par le Comité, soit par le ministère, comme il est indiqué au même article.

ART. 39. Les procédures commencées avant la promulgation de la présente loi seront mises à fin, conformément aux lois antérieures.

Toute action nouvelle sera suivie conformément aux dispositions de la présente loi, alors même qu'il s'agirait de brevets délivrés antérieurement,

ART. 40. La loi du 5 juillet 1844, relative aux brevets, est abrogée.

Tableau annexé au projet de loi proposé dans cette note.
(Titre I, section I, article 7,)

DÉSIGNATION DES ANNÉES.	CATÉGORIES				
	1re	2e	3e	4e	5e
1re année......	40	30	20	15	10
2e —	80	60	40	30	20
3e —	120	90	60	45	30
4e —	160	120	80	60	40
5e —	200	150	100	75	50
6e —	240	180	120	90	60
7e —	280	210	140	105	70
8e —	320	240	160	120	80
9e —	360	270	180	135	90
10e —	400	300	200	150	100
11e —	440	330	220	165	110
12e —	480	360	240	180	120
De la 13e à la 16e année.........	600	450	300	225	150
De la 16e à la 20e année.........	800	600	400	300	200
De la 20e à la 25e année.........	1000	750	500	375	250
De la 25e à la 30e année.........	1200	900	600	450	300

Art. 41. Les procédures commencées avant la promulgation de la présente loi seront mises à fin, conformément aux lois antérieures.

Toute action nouvelle sera suivie conformément aux dispositions de la présente loi, alors même qu'il s'agirait de brevets délivrés antérieurement.

Art. 42. La loi du 5 juillet 1844 relative aux brevets est abrogée.

CHAPITRE III.

EXAMEN DU NOUVEAU PROJET DE LOI DE LA COMMISSION SUR LES BREVETS
ET DES MODIFICATIONS PROPOSÉES.

Je vais actuellement passer successivement en revue les articles les plus saillants du projet de loi de la Commission sur les brevets.

J'examinerai plus spécialement ceux qui, ne répondant pas entièrement aux besoins actuels de l'industrie, m'ont paru devoir être modifiés, et j'indiquerai les motifs qui m'ont déterminé dans les changements divers que j'ai proposés.

TITRE PREMIER.

SECTION PREMIÈRE.

De l'objet, des effets et de la durée des brevets.

ART. 1er. Toute nouvelle découverte ou invention, dans tous les genres d'industrie, confère à son auteur, Français ou étranger, le droit exclusif de l'exploiter à son profit, sous les conditions et pour le temps ci-après déterminés.

Ce droit est constaté par des titres que délivre le gouvernement sous le nom de *brevets d'invention*.

Je ne m'arrêterai ni à établir le droit de propriété d'un inventeur sur sa découverte, ni à tracer l'origine des brevets ou patentes qui établissent aujourd'hui ce droit, ni à faire ressortir les avantages qui résultent, et pour la société et pour l'inventeur, de l'exploitation exclusive, pendant un certain temps, d'une découverte par son auteur. Et pourtant ce sont là des questions très-importantes. Mais elles ont été traitées d'une manière complète dans plusieurs ouvrages, particulièrement dans celui de M. Normand, et ne doivent plus désormais laisser aucun doute; il me paraît donc inutile de s'y arrêter dans une note qui n'a d'autre but que l'étude des lois et règlements relatifs aux brevets.

Art. 2. Sont considérées comme inventions ou découvertes nouvelles :

L'invention de nouveaux produits industriels ;

L'invention de nouveaux moyens ou l'application nouvelle de moyens connus pour l'obtention d'un résultat ou d'un produit industriel.

Cet article a, surtout dans ces derniers temps, suscité bien des réclamations.

Il est difficile de définir dans une loi toutes les découvertes ou inventions susceptibles d'être brevetées. à coup sûr, un Comité composé d'hommes compétents et éclairés trancherait bien mieux la question que des définitions et des restrictions, quelque nombreuses qu'elles soient.

Mais une telle juridiction n'est pas possible dans notre siècle, et parce que les idées qui surgissent de chaque intelligence sont trop nombreuses, et parce que l'esprit inquiet de la société actuelle verrait dans les décisions du Comité des indices de partialité ou d'incompétence.

Pour concilier autant que possible les avantages

que présentent la loi, par sa précision et son impartialité, et la juridiction d'un Comité spécial, par l'examen juste et approfondi des questions douteuses,
j'ai donné à l'article 2 une forme plus explicite et j'ai
soumis les diverses demandes de brevets à l'examen
d'un Comité spécial dit Comité du progrès industriel, sur lequel je reviendrai plus loin.

Il doit paraître évident que l'importation dans
l'industrie française d'une idée, qu'elle soit absolu-
ment nouvelle ou simplement inconnue en France,
qu'elle soit applicable ou non, mérite à son auteur
une récompense.

Toutefois, il y a une distinction importante à établir dans les idées importées. Les unes donnent lieu
à un résultat utile et immédiatement applicable;
elles font faire un pas de plus à l'industrie et, en
conséquence, leur exploitation exclusive doit être
garantie à leur auteur par un brevet. Les autres
n'introduisent qu'un fait de plus fort intéressant
sans doute pour la science, mais sans usage actuel
pour l'industrie ; elles méritent une récompense;
mais leur exploitation, qui n'existe pas, n'a pas besoin d'être garantie.

La Commission ne me paraît pas avoir bien compris cette distinction si évidente.

Elle rejette, comme non susceptibles d'être brevetées, un grand nombre d'idées qui méritent de
l'être.

Et d'abord elle pose en principe :

Art. 3. Ne sont pas réputées nouvelles les découvertes, inventions ou applications qui , en France ou à l'étranger, ont reçu,

antérieurement au dépôt de la demande du brevet, une publicité assez complète pour pouvoir être exécutées.

M. Normand attaque avec raison cette restriction de la loi dans un chapitre éminemment remarquable de son ouvrage.

Qu'il me soit permis d'en citer les passages suivants, qui m'ont frappé :

« Les droits que la loi conférait autrefois si libé-
« ralement au simple importateur d'une invention
« étrangère, à celui qui, sans courir aucun risque,
« sans grands frais d imagination, avait pris la peine
« d'ouvrir les yeux sur les travaux des autres, ces
« priviléges utiles cependant, elle les refuse à celui
« qui a su lire dans l'avenir, qui a découvert dans
« une idée jusque-là stérile la graine d'une appli-
« cation féconde ou même qui a fait de toutes pièces
« une invention complète, si, à son insu, quelque
« philosophe plus soucieux de ses peines s'est con-
« tenté, quelques années auparavant, d'en émettre
« seulement l'idée.

« Le texte de la loi actuelle ne fait aucune diffé-
« rence entre l'invention projetée et l'invention ap-
« pliquée, entre la description toujours vague et
« indécise et la pratique précise et palpable. Et
« toutes les fois qu'un débat d'antériorité surgit entre
« deux choses aussi différentes, l'une et l'autre sont
« traitées sur le même pied, c'est-à-dire que tous les
« avantages sont pour la première.

« Pour la législation actuelle, Christophe Colomb
« n'a pas inventé l'Amérique ; car Marco Paolo a eu

« avant lui le pressentiment de son existence, un
« voyage de tentative a même été entrepris par ordre
« du roi de Portugal ; pour notre législation encore,
« le passage au nord-ouest dans les mers polaires
« est déjà effectué, car vingt navigateurs l'ont tenté,
« et pour elle, d'ailleurs, il n'est pas nécessaire d'en
« faire tant pour réserver un territoire dans les
« domaines du progrès.

« Enfin, ce bienfaiteur de l'humanité, Guttemberg
« lui-même, est renversé du glorieux piédestal que
« la reconnaissance de vingt générations lui a érigé :
« par un jugement posthume il est convaincu de pla-
« giat, et nous sommes avertis de tourner notre gra-
« titude vers un habitant du céleste empire dont le
« nom et les bienfaits ne sont jamais parvenus jus-
« qu'à nous.

. . . .

« De même que sur la carte du monde on peut
« mesurer l'étendue non explorée des continents et
« des mers, de même le tableau des désidérata de
« l'industrie peut être presque partout dressé avec
« une approximation suffisante pour guider les ef-
« forts des amis du progrès et les lancer nombreux à
« la poursuite des mêmes idées.

« Mais, parmi ces derniers, combien n'en est-il pas
« qui, à leur insu, contribuent plutôt à accroître les
« obstacles qu'à les surmonter !

« Satisfaits de succès purement théoriques, et peu
« désireux d'engager une lutte plus incertaine avec
« les difficultés pratiques, au prix de laquelle, seule-
« ment, le résultat sérieux peut être acheté, ils se

« contentent de livrer aux vents de la publicité leurs
« recherches spéculatives et semblent laisser à d'au-
« tres le soin de faire éclore le fruit de leurs concep-
« tions.

« Certes, il ne faut pas méconnaître l'utilité de
« tels travaux, ils peuvent quelquefois guider dans
« la recherche et l'étude d'un perfectionnement nou-
« veau; mais par l'importance tout à fait exagérée
« que la loi leur a attribuée jusqu'ici, ils ne sont, le
« plus souvent, qu'un écueil jeté sur la route des
« inventeurs sérieux. »

Je partage complétement les opinions de M. Normand. Mais, reconnaissant que l'auteur d'une découverte entièrement personnelle mérite plus qu'un
simple importateur, j'ai conservé dans l'article 2 la
restriction du projet de loi et j'ai proposé (section III
de mon projet) de garantir la propriété d'une idée
applicable, importée de l'étranger, ou d'un écrit quel-
conque, par des brevets spéciaux, dits d'importation,
jouissant des mêmes priviléges que les brevets ordinaires, pendant un temps plus court. Et, pour permettre aux inventeurs étrangers de profiter, même
en France, de leur découverte, pour donner à l'importateur un mérite réel, j'ai proposé de n'accorder
de brevets qu'aux importateurs d'inventions déjà
connues depuis dix ans et non exploitées en France [1].

Art. 4. Nul ne peut se prévaloir contre le droit exclusif du
breveté de l'usage qu'il aurait fait de l'invention ou de l'exploitation à laquelle il se serait livré antérieurement au brevet, si cette

[1] Ce laps de temps m'a paru judicieusement choisi par M. Normand.

exploitation ou cet usage n'ont pas donné à l'invention une publicité suffisante pour entraîner la nullité du brevet, conformément aux articles 2 et 12.

Cet article est, à mon avis, très-juste. Si je l'ai supprimé, c'est qu'il m'a paru ne présenter qu'un développement inutile de l'article 2.

Art. 5. Les brevets sont délivrés sans examen préalable, aux risques et périls des demandeurs et sans garantie, soit de la réalité, de la nouveauté ou du mérite de l'invention, soit de la fidélité ou de l'exactitude de la description.

Dans mon projet de loi, j'ai soumis les demandes de brevets à l'examen préalable du Comité du progrès industriel.

Cet examen aura surtout pour but de vérifier l'accomplissement des formalités exigées par la loi et de constater la nouveauté et jusqu'à un certain point la réalité de la découverte. Par là se trouveront éliminées une foule de demandes illusoires qui encombrent actuellement les archives et ne servent qu'à entraver la marche de l'industrie et à jeter dans la misère et le découragement leurs propres auteurs.

Tout en statuant sur la nouveauté ou la réalité d'une découverte, le Comité pourra également en examiner la valeur, faire part de ses observations à l'inventeur et l'engager à retirer sa demande, sans toutefois l'y contraindre.

M. Normand partage encore mon avis sur ce sujet. Il va même un peu plus loin et propose que le Comité d'examen ait le droit de rejeter les demandes de brevets pour découvertes sans importance.

« Voici du reste, dit-il, ce que j'oserais proposer :

« Un Comité d'examen serait institué dans le
« genre de celui des États-Unis, avec mission d'exa-
« miner la nouveauté et, jusqu'à un certain point, la
« réalité des inventions. Il ajournerait, selon le cas,
« la délivrance du brevet et ferait part de ses objec-
« tions à l'inventeur, lui indiquant les précédents à
« l'invention présentée ou les autres motifs s'oppo-
« sant à la délivrance du brevet.

« Le demandeur pourrait donner toutes ses expli-
« cations, et, sauf le cas d'antériorités évidentes, au-
« rait le droit de sommations respectueuses. Comme
« aujourd'hui les brevets seraient délivrés aux ris-
« ques des inventeurs. Aucune trace des transactions
« relatives à la délivrance du brevet ne serait com-
« muniquée au public et leur production, même en
« justice, ne pourrait jamais être invoquée. »

A la vérité, on peut objecter les difficultés que pré-
senterait actuellement un examen préalable des demandes de brevets ; car il n'existe dans l'administration aucun employé qui puisse en être chargé.

Mais si le Comité du progrès industriel que je propose est adopté et s'il est bien constitué, cet examen
deviendra tellement facile, qu'il n'y aura plus de
raison pour le repousser.

Dans les États-Unis, le commissaire des patentes
examine ou fait examiner l'invention ou la découverte
proposée ; et, s'il ne lui apparaît pas de cet examen
« que la même chose ait déjà été antérieurement in-
« ventée par une autre personne dans ce pays, ou
« décrite dans quelque publication imprimée à l'in-

« térieur ou à l'étranger, ou qu'elle ait été publique-
« ment en usage ou livrée au commerce du consen-
« tement et avec l'autorisation du pétitionnaire, si
« enfin le commissaire juge que la chose est suffi-
« samment utile et importante, il délivre la patente.

« Mais si, par cet examen, le commissaire demeure
« convaincu du résultat contraire, ou bien si la des-
« cription de la découverte est défectueuse ou insuf-
« fisante, il refusera la patente, en informera le
« pétitionnaire, en lui donnant brièvement les ren-
« seignements et les explications nécessaires pour
« renouveler sa demande ou pour la restreindre à
« la partie nouvelle de son invention.

. . . .

« Dans le cas où la spécification et la requête n'au-
« ront pas été données de manière que le requé-
« rant, au jugement du commissaire, ait droit à une
« patente, il pourra par appel, et sur pétition écrite,
« obtenir qu'il en soit référé au jugement d'un Co-
« mité d'experts composé de trois membres non in-
« téressés dans la question et nommés par le secré-
« taire d'État, et l'un d'eux, au moins, autant que
« faire se pourra, sera choisi par ses connaissances
« et son expertise dans l'art auquel l'invention se
« rapporte. Ces experts prêteront serment de rem-
« plir leur mission avec fidélité et impartialité.

. . . .

« Quand il aura tout examiné et pris en considéra-
« tion, le Comité pourra, à la majorité des voix, an-
« nuler la décision du commissaire en tout ou en
« partie ; et la sentence lui ayant été notifiée, le com-

« missaire devra s'y conformer dans tout ce qu'il
« fera ultérieurement touchant la demande engagée.
(Extrait de l'article 7 de la loi du 4 juillet 1836.)

En Russie le Conseil des manufactures examine
toutes les demandes de brevets, pour s'assurer « s'il
« n'a pas été concédé de privilége pour le même ob-
« jet à une autre personne et pour constater si la
« description est suffisamment claire, exacte et
« complète, et si, en général, on peut tirer quelque
« avantage de l'objet du privilége. » (Extrait de l'article 128 du Code des lois de l'empire russe.)

Voilà deux grandes nations chez lesquelles la loi
introduit l'examen préalable des demandes de brevets. Les difficultés ne sont donc pas insurmontables,
comme on le croit généralement parmi nous. Quant
aux avantages, ils seront de la plus haute importance,
si l'examen est fait d'une manière sérieuse et approfondie par des hommes intègres et éclairés.

Art. 6. Pendant les six mois qui suivent le dépôt, la description de l'invention est tenue secrète par le gouvernement.

Le secret accordé pendant six mois par le gouvernement aux inventeurs offre à ceux-ci deux avantages. Car ils pourront, pendant ce temps, assurer leurs
droits de propriété à l'étranger et s'appliquer au
perfectionnement de leur découverte, sans crainte
d'être inquiétés.

Art. 7. La durée des brevets est fixée à vingt ans à partir du
dépôt.

La Commission, en augmentant de cinq années la

durée des brevets, a rendu sans doute un service important aux inventeurs. C'est quelquefois seulement au moment où son brevet expire, que l'auteur d'une découverte commence à recueillir le fruit de ses travaux et à rentrer dans les déboursés qu'il a dû faire pour l'exploitation. Mais, d'un autre côté, il faut aussi considérer l'intérêt de l'industrie en général.

Certaines inventions sont de telle nature qu'il importe pour le progrès industriel qu'elles tombent dans le domaine public le plus promptement possible. C'est ainsi que le perfectionnement d'une pièce principale des machines à vapeur forcerait chaque constructeur à recourir au propriétaire du brevet pour la fourniture de cette pièce, puis à la travailler de nouveau pour l'adapter à la machine, malgré les différences de nature et de confection qu'elle pourrait présenter.

Pour concilier les intérêts des inventeurs et de la société, j'ai proposé de donner aux brevets une durée de douze années, qui suffira pour un grand nombre d'entre eux, et de laisser au Comité du progrès industriel la faculté de prolonger de quatre ans ou de huit ans cette durée, qui pourrait même être portée exceptionnellement jusqu'à vingt-cinq ou trente années par le ministère public.

Art. 7. Chaque brevet donne lieu au payement d'une taxe annuelle ainsi fixée :

20 francs pour la première année ;

40 francs pour la seconde ;

60 francs pour la troisième, et ainsi de suite, en augmentant chaque année de 20 francs l'annuité précédente.

L'établissement d'une taxe annuelle de plus en plus élevée a pour but de rendre les brevets accessibles à toutes les classes de la société, les premières annuités étant très-faibles. Le payement de sommes un peu considérables ne sera exigé qu'après quelques années, alors que l'invention est en pleine exploitation, alors qu'elle doit trouver, si elle est réellement bonne, des capitaux pour la soutenir.

J'ai conservé dans mon projet l'innovation faite par la Commission de taxes successives et croissantes. Toutefois j'y ai apporté deux modifications importantes, l'addition d'une taxe fixe ne pouvant jamais être remboursée et la division des inventions en cinq catégories.

En proposant d'exiger pour l'obtention de toute sorte de brevets le payement d'une taxe immédiate, et non remboursable, de 25 francs, j'ai voulu surtout écarter les demandes dénuées de toute valeur que ne manqueraient pas de faire pleuvoir au secrétariat du Comité, comme dans un cabinet particulier de consultations gratuites, l'intelligence inquiète de mille cerveaux irréfléchis. Que leur importerait que leur demande fût rejetée, puisqu'il n'en coûterait rien et qu'elle courrait la chance d'être admise?

La classification des inventions en cinq catégories, suivant leur objet et leur importance, que j'ai introduite dans mon projet (art. 6), ne rencontrera peut-être qu'un petit nombre d'approbateurs.

Il est juste, je l'avoue, que les inventeurs, recevant de la loi les mêmes garanties, soient soumis également aux mêmes droits. Il est juste de ne pas proportionner la taxe aux profits plus ou moins grands que peuvent rapporter les diverses découvertes, parce que ces profits sont précisément en rapport avec le mérite de l'inventeur. J'accorde tout cela sans contestation ; je reconnais l'injustice de ma proposition, mais je la soutiens néanmoins, parce qu'elle est dans l'intérêt de tout le monde.

L'inventeur, qui paye un droit de 300 francs pour une découverte qui lui rapporte 20,000 francs par an, ne criera pas à l'injustice de la loi, qui n'exige qu'un droit de 50 francs pour une découverte qui n'est pas susceptible, dans les meilleures conditions d'exploitation, de rapporter plus de 500 francs par an.

Il y aura certainement des exemples d'inventions classées dans la dernière catégorie et d'un profit plus grand que d'autres classées dans une catégorie plus élevée. Mais ces exemples seront fort rares, si la répartition en catégories est bien faite, et, d'ailleurs, que prouveront-ils ? Que les premières inventions sont éminemment utiles, tandis que les autres ne sont pas susceptibles d'une exploitation régulière.

Art. 8. L'auteur d'une invention ou découverte déjà brevetée à l'étranger peut obtenir un brevet en France.

La durée de ce brevet ne peut excéder celle des brevets antérieurement pris à l'étranger.

La Commission, en assimilant complétement les inventeurs étrangers aux inventeurs français, a montré une grandeur d'idée que l'on ne peut qu'admirer ; elle a compris qu'en industrie déjà les intérêts de tous les peuples sont communs ; en un mot, elle a marqué, dans la législation, un pas de plus vers la fusion des nations, belle pensée entrevue depuis longtemps par les intelligences supérieures. Bien que fervent approbateur de ces opinions, j'ai cru devoir envisager un peu plus l'intérêt actuel de la France. Pour doter son industrie de découvertes utiles, dont un inventeur étranger pourrait parfois la priver, j'ai laissé pendant dix ans seulement à cet inventeur le droit exclusif de faire breveter sa découverte en France; j'ai en outre proposé que la durée de son brevet ne pût excéder six années, afin que notre pays profitât complétement de son invention dans un temps plus rapproché.

TITRE PREMIER.

SECTION II.

Des changements, perfectionnements ou additions.

Art. 9. Les brevetés ou leurs ayants droit, qui apportent des changements, perfectionnements ou additions à leur découverte, peuvent prendre soit de nouveaux brevets, soit des certificats d'addition.

En accordant à un inventeur le droit de prendre un nouveau brevet pour un changement apporté à une de ses découvertes déjà brevetée, la Commission fournit un moyen presque assuré de prolonger à volonté la durée d'un brevet. Il est bien facile, en effet, à un homme un peu intelligent d'imaginer un changement, quel qu'il soit, à l'une de ses inventions, surtout lorsqu'il l'a exploitée pendant quelques années. Dès lors, il peut prendre un nouveau brevet pour ce changement et se réserver la propriété perpétuelle de son invention.

Pour empêcher tout abus de ce genre, j'ai proposé de n'accorder aux additions ou changements que des certificats prenant fin avec le brevet principal. Il est évident que cette restriction ne concerne pas les perfectionnements tellement essentiels qu'ils transforment pour ainsi dire l'invention à laquelle ils se rapportent; ceux-là méritent d'être garantis par un brevet; car ils constituent une nouvelle découverte. Il sera réservé au Comité du progrès industriel d'examiner et de décider quels sont les changements susceptibles d'être brevetés, quels sont ceux qui ne peuvent être garantis que par des certificats d'addition.

Art. 10. Toute personne peut prendre un brevet pour changement, perfectionnement ou addition à une découverte déjà brevetée.

Néanmoins, pendant l'année qui suit la délivrance du brevet principal, la demande du breveté ou de ses ayants droit obtient la préférence.

Les observations précédentes sont applicables aux changements imaginés par toute autre personne que l'inventeur de la découverte principale. Il sera encore réservé au Comité du progrès industriel d'examiner et de décider quels sont les changements susceptibles d'être brevetés comme inventions nouvelles, quels sont ceux qui ne peuvent être garantis que par des brevets d'addition prenant fin avec le brevet principal.

J'ai supprimé la préférence que le projet de loi de la Commission accorde aux additions du breveté, pendant tout le cours de la première année de son brevet. Il me semble que les six mois de secret suffisent pour permettre à tout inventeur intelligent d'approfondir sa découverte, si toutefois il est désireux d'en tirer parti, et que les perfectionnements qui resteront encore à trouver, au bout de ce temps d'études, seront tels qu'ils ne pourront être indiqués que par l'usage et l'exploitation. Si l'on m'accorde qu'il en sera presque toujours ainsi, on reconnaîtra qu'il est inutile de protéger plus longtemps le breveté contre les additions étrangères; car ayant seul le droit d'exploiter sa découverte, il est le premier à en faire l'essai, il doit donc être aussi le premier à entrevoir les changements ou perfectionnements qui sont la conséquence de l'usage et de l'exploitation. En compensation, j'ai introduit un nouvel avantage pour le breveté: c'est celui de pouvoir s'opposer à l'obtention, en faveur d'un tiers, d'un brevet d'addition relatif à sa découverte, moyennant une indemnité déterminée par le Comité du progrès industriel.

Cette innovation rencontrera sans doute beaucoup d'opposition. On peut trouver qu'elle est injuste et qu'elle laisse beaucoup trop de marge à la partialité des membres du Comité. Je la propose surtout dans le but de favoriser l'inventeur principal, en écartant de lui toute crainte de concurrence, et de l'engager à exploiter sérieusement et avec persévérance la découverte dont il est auteur.

Je suis convaincu que l'innovation d'une expropriation particulière, en faveur des brevetés, ne peut qu'amener de bons résultats, si toutefois les membres du Comité sont susceptibles de décider avec exactitude et équité dans quel cas une telle expropriation peut être prononcée et quelle est l'indemnité à laquelle elle doit donner lieu.

TITRE PREMIER.

SECTION IV.

Des nullités et des déchéances de brevets.

ART. 12. Est nul et de nul effet tout brevet délivré dans les cas suivants, savoir :

. . . .

La forme même de cet article dénote un très-grand défaut inhérent au nouveau projet de loi; car elle montre qu'il peut arriver que des brevets soient délivrés à tort, et cela dans des cas très-fréquents, dont les principaux, au nombre de huit, sont indiqués à la suite de la déclaration de nullité.

Il est inconcevable que la Commission n'ait pas cherché le moindre remède à un état de chose si déplorable et dont les conséquences sont surtout d'introduire dans l'industrie des brevets sans nul effet légal, et de tromper les inventeurs eux-mêmes, en leur laissant croire parfois à une garantie qui n'existe pas.

La création d'un Comité du progrès industriel procurera un moyen facile de faire disparaître les brevets sans valeur légale. Car il suffit, comme je l'ai déjà proposé, de soumettre toute demande à l'examen de ce Comité. Aussi ai-je remplacé, dans mon projet, l'article énoncé ci-dessus par les deux suivants.

TITRE PREMIER (DE MON PROJET DE LOI).

SECTION V. — *Des refus, des nullités et des déchéances de brevet.*

ART. 16. Le Comité du progrès industriel refusera toute demande de brevet d'invention, d'addition, d'importation ou de certificat d'addition dans les cas suivants, savoir :

. . . .

ART. 17. Est nul et de nul effet tout brevet délivré contrairement à l'un des règlements de l'article précédent.

L'article 17, qui vient d'être cité, ne devra donner lieu à aucune application, si l'examen des demandes de brevet est consciencieusement fait par le Comité; il ne sert donc qu'à prévenir les erreurs ou les négligences apportées dans cet examen.

Les divers cas de nullité indiqués dans l'article 12 du projet de la Commission laissent peu à désirer. Néanmoins, j'ai cru devoir les modifier en quelques points qui m'ont paru défectueux.

C'est ainsi que j'ai spécifié de rejeter toute demande de brevet ou de certificat portant sur des compositions, armes ou inventions quelconques relatives à l'art de la guerre et dont l'exploitation est reconnue nuisible. C'est ainsi encore que j'ai réuni les cinquième et sixième cas de nullité en un seul, qui m'a paru plus simple et plus complet.

J'ai proposé, comme la Commission, de rejeter toute demande de brevet ou de certificat portant sur des principes, méthodes systèmes, découvertes et conceptions théoriques ou purement scientifiques, dont on n'a pas indiqué les applications industrielles, ou sur des plans et combinaisons de crédit ou de finance. Car, ainsi que je l'ai déjà dit, ce sont là des découvertes qui, n'étant pas susceptibles d'exploitation, ne peuvent être garanties par ces priviléges qui sont réservés aux inventions applicables et d'un usage industriel.

Art. 13. Est déchu de tous ses droits le breveté qui n'a pas acquitté son annuité avant le commencement de chacune des années de la durée de son brevet.

Trouvant ce passage du projet de loi un peu sévère, j'ai proposé d'accorder aux inventeurs en retard pour le payement des annuités un sursis de six mois, à la condition, toutefois, qu'ils fassent valoir auprès du Comité du progrès industriel des raisons suffisantes pour expliquer leur contravention et qu'ils acquittent, pendant le temps du sursis, une somme double de l'annuité en retard[1].

Cette tolérance accordée aux brevetés ne saurait, ce me semble, être rejetée. Il peut arriver que, par

---

[1] L'idée d'un sursis de six mois et d'une amende fixe de 500 francs est émise dans l'ouvrage de M. Normand.

des circonstances malheureuses et imprévues, un inventeur se trouve dans l'impossibilité de payer l'annuité échue de son brevet. Faut-il, pour cela, qu'il perde immédiatement tous ses droits de propriété? Assurément non. Il doit seulement être soumis à une amende, qui aura pour but de prévenir le retour fréquent de semblables retards. Un propriétaire qui n'a pas acquitté, au terme échu, les impôts relatifs à sa maison, n'est pas pour cela exproprié: il est seulement condamné à une amende. Eh bien, il doit en être de même à l'égard du breveté; son invention est sa propriété, à plus juste titre, peut-être, qu'un immeuble que lui auraient légué ses ancêtres.

Art. 13. Est déchu de tous ses droits le breveté qui n'a pas mis en exploitation sa découverte ou invention en France dans le délai de trois ans à partir du jour de la délivrance du brevet, ou qui a cessé de l'exploiter pendant trois années consécutives.

L'inventeur, à qui la loi garantit le droit exclusif d'exploiter sa découverte, doit, en échange, faire profiter la société de tous les avantages qui y sont inhérents; la connaissance ne suffit pas; il faut, en outre, une exploitation suffisante pour satisfaire à tous les besoins de l'industrie.

Aussi est-il nécessaire que la loi exige l'exploitation des inventions qu'elle garantit, pour prévenir le cas où un inventeur, peu soucieux de ses propres intérêts et du progrès industriel, voudrait se contenter de son titre de breveté.

Mais, tout en approuvant le but de la disposition

du nouveau projet de loi cité plus haut, je pense que la Commission aurait dû se montrer plus généreuse envers les inventeurs et leur accorder un plus long temps d'études et de recherches, avant de prononcer la déchéance pour défaut d'exploitation.

Tel est aussi l'avis de M. Normand, qui propose même de maintenir la validité d'un brevet tant que les annuités seront payées, ou au moins, comme en Belgique, de n'exiger d'application que lorsqu'elle serait effectuée ailleurs.

« Dans tous les cas, dit-il, le délai accordé par la « loi actuelle est presque toujours matériellement « insuffisant.

« Pour l'inventeur privilégié, dont la découverte « a trait à une branche de travail qui lui est fami- « lière, pour celui qui possède et l'occasion et les « ressources nécessaires à une application immé- « diate de son projet, le délai de deux années suffit « à peine à élaborer et à effectuer un premier essai « qui, très-souvent, ne peut être compté comme une « application.

« Mais pour ces inventeurs, beaucoup plus nom- « breux, qui dirigent leurs poursuites dans des voies « différentes de leurs occupations ordinaires, pour « ceux qui ne possèdent pas eux-mêmes le complé- « ment nécessaire, ni de savoir pratique, ni de « finances, qui, après avoir travaillé à se convaincre, « doivent entreprendre cette tâche bien plus diffi- « cile de convaincre les autres, pour ceux-là, réelle- « ment, c'est un arrêt de ruine.

« Des exemples nombreux justifient ce que j'a-

« vance ici. Watt, cet homme extraordinaire, dont
« l'invention première ne consistait qu'en une très-
« simple modification des machines existantes, Watt,
« qui pouvait se recommander de son savoir pro-
« fessionnel et des amis influents qu'il possédait
« dans la carrière des sciences, fut neuf années,
« après son invention, et cinq, après la prise de son
« brevet, avant de pouvoir faire une application. »

La Commission a également compris que le délai
d'exploitation accordé par la loi actuelle était insuffisant.

Pourquoi, reconnaissant le mal, n'y a-t-elle apporté qu'un remède inefficace par sa faiblesse
même?

La prolongation d'une année qu'elle donne au
délai est malheureusement compensée par la sup-
pression du droit que la loi actuelle concède à l'inventeur de se justifier des causes de son inaction
pendant le délai d'exploitation.

Pour résoudre cette question si délicate et concilier, autant que possible, les intérêts des inventeurs
et de la société, j'ai eu recours une seconde fois à la
répartition des inventions en cinq catégories. Consi-
dérant que les découvertes les plus importantes
exigent, pour être mises au jour, des études plus
profondes, des essais plus nombreux et des avances
de fonds plus considérables, j'ai accordé des délais
d'exploitation différents, suivant les différentes catégories, et j'ai attribué au Comité du progrès industriel la faculté de prolonger ce délai, quand il
le jugerait équitable et nécessaire.

Les causes qui peuvent arrêter un inventeur dans l'application première de sa découverte n'existant plus après quelque temps d'exploitation, et les intérêts de la société étant toujours les mêmes, j'ai diminué le temps d'interruption accordé par la Commission, et j'ai proposé de déclarer déchu de tous ses droits le breveté qui a cessé d'exploiter sa découverte pendant deux années consécutives.

TITRE II.

SECTION PREMIÈRE.

De la juridiction ou de la procédure.

Art. 16. Un Comité spécial institué auprès du ministère de l'agriculture, du commerce et des travaux publics, donne un avis sur toutes les questions relatives aux brevets que le ministre ou les Tribunaux, par son entremise, croient devoir lui déférer.

Le Comité spécial de consultation proposé dans cet article sera avantageusement remplacé par le Comité du progrès industriel dont j'ai déjà fait mention. Le ministère et les Tribunaux trouveront, en effet, auprès des membres de cette dernière institution, tous les renseignements et avis désirables.

L'idée émise par la Commission est donc bonne, mais elle est insuffisante. Pourquoi ne pas la généraliser, en confiant à un Comité, composé d'hommes spéciaux, le soin de traiter toutes les questions relatives aux brevets qui ne sont pas du ressort de la jurisprudence?

TITRE II.

SECTION II.

Des actions en validité.

La création d'une action nouvelle, appelée *demande en validité*, au moyen de laquelle le breveté peut mettre son titre à l'abri de toute attaque pour cause antérieure, est, sans contredit, l'innovation la plus importante du nouveau projet de loi.

La Commission, en créant des demandes en validité, avait pour but de faire disparaître l'impossibilité où est le breveté, à raison de la restriction des effets de la chose jugée entre les parties en cause, d'échapper au renouvellement indéfini des questions de nullité ou de déchéance qui sont soulevées contre lui par les contrefacteurs, sans qu'il puisse jamais être assuré d'en triompher devant les diverses juridictions où elles se produisent.

L'intention était bonne, sans doute, mais le moyen est tout à fait impraticable.

Comment admettre qu'un Comité consultatif puisse être certain de la validité d'un brevet, surtout avec les conditions de nouveauté que la loi exige?

Je laisse encore parler M. Normand, qui désapprouve comme moi la création des demandes de validité :

« Deux ans, dit-il, après la délivrance d'un brevet,
« et même en l'absence de toute application, le bre-

« veté remplit les formalités prescrites pour faire
« prononcer sur la validité de son titre.

« Malgré les publications qui peuvent avoir été
« faites, peu d'industriels se préoccuperont de lui ;
« son brevet est, jusque-là, parfaitement inconnu
« dans la pratique; ceux qui, un an plus tard peut-
« être, auront à compter avec lui, ne soupçonnent
« même pas son existence; n'ont-ils pas autre chose
« à faire que de rester sur le qui-vive, en défensive
« perpétuelle contre toutes les inventions qui, dans
« l'avenir, pourraient leur porter préjudice ? Nous
« pouvons donc supposer que, par l'ignorance ou
« l'inattention forcée des industriels et des brevetés
« antérieurs, la validité de plus d'un brevet nouveau
« sera poursuivie en l'absence de toute opposition
« sérieuse.

« Nous sommes disposés à reconnaître que le Co-
« mité consultatif, auquel le brevet aura été soumis,
« l'aura étudié avec tous les soins que comportent la
« multiplicité et les difficultés de pareils examens;
« mais on peut admettre que la recherche des antério-
« rités puisse être dans certains cas insuffisante, ou
« que la Commission, se trouvant mal renseignée sur
« les opérations de telle industrie, recommande
« comme invention nouvelle une chose depuis long-
« temps brevetée ou pratiquée.

« On aurait refusé l'examen préalable n'entraî-
« nant à aucune garantie, à aucune responsabilité, et
« destiné seulement à séparer cette partie informe et
« inutile des brevets demandés, et on admettrait un
« examen devant engager, sans appel, sans réforme

« possible, les droits des absents, ceux même de
« toute une industrie ! »

L'introduction de demande en validité, dans le
nouveau projet de loi, me paraît une innovation injuste et inutile.

Elle est injuste, en ce que les brevets validés ne le
seront jamais moralement, avec certitude du moins.
Ils auront toujours un point attaquable qui aura
échappé aux investigations du Comité consultatif; et
même, en admettant que ce point n'existe pas, les
industriels gênés par ces brevets trouveront toujours
moyen d'en attaquer la validité et de soupçonner
l'impartialité des juges.

Cette innovation est de plus inutile ; car, j'en suis
convaincu, elle doit attirer aux inventeurs plus de
procès et d'embarras qu'elle n'est appelée à en écarter. Si la découverte est importante et d'un usage
réel, la demande en validité ne pourra jamais être
établie qu'après de longues et nombreuses contestations. Si, au contraire, la découverte est sans importance, la demande en validité, trop facile à établir,
n'aura aucune valeur morale.

En soumettant tous les brevets, dès l'origine de la
demande, à l'examen d'un Comité spécial, comme je
l'ai proposé, on diminuera le nombre des questions
de nullité ou de déchéance, bien plus sûrement que
par la création de demandes de validité.

TITRE II.

SECTION IV.

Des actions et poursuites en contrefaçon.

§ 1er. — De l'action civile en contrefaçon.

ART. 28. Toute atteinte portée aux droits du breveté, soit par la fabrication de produits, soit par l'emploi de moyens faisant l'objet de son brevet, constitue la contrefaçon.

ART. 29. L'action en contrefaçon intentée à la requête du breveté ou de ses ayants droit est portée devant les Tribunaux civils de première instance.

La loi qui régit actuellement les brevets d'invention soumet à la même juridiction et aux mêmes peines toutes les actions en contrefaçon, sans s'inquiéter si le délinquant a agi sciemment ou non.

Ainsi elle établit, par l'article 40, que : *Toute atteinte portée aux droits du breveté, soit par la fabrication des produits, soit par l'emploi de moyens faisant l'objet de son brevet, constitue le délit de contrefaçon.*

C'est à tort sans doute que la loi assimile le fabricant indélicat qui cherche à exploiter une invention qu'il sait être brevetée, parce qu'elle est lucrative et qu'il espère ne pas être découvert, et le fabricant honnête qui fabrique ou livre au commerce des objets dont, à son insu, un brevet interdit l'exploitation au public. La Commission a parfaitement compris qu'il y avait là une distinction importante à établir.

D'une part, elle admet la simple action en contrefaçon, qui n'est pas même un délit, parce qu'elle est faite sans connaissance ni mauvaise intention, et qui, portée devant les tribunaux civils, ne donne lieu qu'à des dommages-intérêts. D'autre part, elle admet le délit de contrefaçon, toujours commis sciemment, dans le but de profiter frauduleusement des bénéfices qu'une découverte rapporte à son auteur et qui, portée devant les tribunaux correctionnels, à la requête du ministère public, peut donner lieu à des peines sévères.

TITRE III.

DISPOSITIONS DIVERSES.

Art. 37. Les brevets d'invention peuvent être expropriés pour cause d'utilité publique.

L'utilité publique est déclarée par décret impérial.

. . . .

L'indemnité est fixée par un jury, composé conformément aux dispositions de la loi du 3 mai 1811.

Parmi les découvertes que peut faire l'intelligence humaine, il en est plusieurs qui sont nuisibles par elles-mêmes; il en est d'autres dont l'exploitation, exclusivement réservée à un particulier, peut entraver les progrès de l'industrie. Dans les premières on peut ranger, par exemple, les inventions de certains appareils relatifs au service de la guerre, ou à l'inflammation de matières détonantes; au nombre des dernières se trouvent certains perfectionnements des parties essentielles d'une machine exploitée jusqu'ici par tous les constructeurs.

Il appartient au gouvernement de distinguer ces inventions dont l'exploitation par un seul peut être nuisible, soit à l'industrie, soit à la société tout entière. Il lui appartient aussi de les exproprier, d'en interdire l'usage, quand besoin est, enfin d'indemniser leurs auteurs, chacun suivant son mérite.

J'ai donc conservé le principe consacré par l'article 37 du projet de loi de la Commission; j'ai seulement cherché à en faciliter l'application, en autorisant chaque particulier à indiquer les inventions qu'il croit susceptibles d'être expropriées au Comité du progrès industriel qui soumettra, s'il y a lieu, ces indications au ministère public.

A l'égard de l'indemnité accordée par le gouvernement aux inventeurs expropriés, c'est au Comité qu'il appartient de statuer. Si les membres qui le composent sont éclairés, compétents et inaccessibles à toute influence particulière, comme ils doivent l'être, on n'aura pas de raison pour attaquer leur jugement, et les inventeurs recevront une récompense digne de leurs travaux et du service qu'ils auront rendu à la science et à l'industrie.

CHAPITRE IV.

SECTION PREMIÈRE.

Des demandes de brevets.

ART. 1. Quiconque voudra prendre un brevet d'invention, d'addition, d'importation ou un certificat d'addition, devra déposer au secrétariat de la préfecture, dans le département où il élit domicile, ou au secrétariat du Comité du progrès industriel, s'il élit domicile à Paris :

1° Un récépissé constatant le versement d'une somme de 25 francs à la caisse de la recette générale;

2° Une enveloppe sous cachet portant initiales, et renfermant :

Sa demande au ministère de l'agriculture, du commerce et des travaux publics; ·

Une description de la découverte, application, addition ou importation faisant l'objet du brevet ou certificat demandé;

Les dessins ou échantillons qui seraient nécessaires pour l'intelligence de la description;

Un duplicata de la description et des dessins;

Un bordereau des pièces déposées.

Art. 2. La demande sera limitée à un seul objet principal et à ses applications.

Elle indiquera un titre renfermant la désignation sommaire et précise de l'objet de l'invention.

Les demandes d'importation devront indiquer l'origine de l'objet dont elles font mention.

La description sera écrite en langue française; elle devra être nette, sans altération ni surcharge; les mots rayés comme nuls seront comptés et constatés, les pages et les renvois parafés.

Aucune dénomination de poids ou de mesure, autre que celles qui sont portées au tableau annexé à la loi du 4 juillet 1837, ne sera employée.

La description devra être claire, complète et assez explicite pour que le premier venu puisse, avec le secours des dessins, reproduire l'objet dont elle fait mention.

Elle ne se bornera pas à désigner les applications; la marche à suivre dans ces applications devra être indiquée d'une manière précise et explicite.

Les dessins seront tracés à l'encre et d'après une échelle métrique rapportée sur la feuille.

Aucune des pièces mentionnées ne sera sur papier calque.

Art. 3. Toutes les pièces seront signées par le demandeur ou par un des agents de brevets du département où le dépôt est effectué.

Art. 4. Un procès-verbal, dressé sans frais par le secrétaire général de la préfecture ou du Comité du progrès industriel, sur un registre à ce destiné et signé par le demandeur, constatera chaque dépôt, en énonçant le jour et l'heure de la remise des pièces.

Un reçu constatant le dépôt, établi sur papier libre et signé par le secrétaire général, sera toujours remis au demandeur.

Une expédition dudit procès-verbal sera remise moyennant remboursement des frais de timbre au déposant qui en fera la demande.

Art. 5. Lorsque les pièces auront été signées par un agent de brevets, et dans ce cas seulement, le procès-verbal constatant le dépôt sera signé par le même agent.

La procuration de ce mandataire sera établie devant le secrétaire, soit par l'affirmation verbale de l'inventeur, soit par la présentation d'un pouvoir sous seing privé légalisé par les autorités administratives de la résidence où il a été passé et visé par le Conseil quand il vient de l'étranger.

SECTION II.

De la délivrance des brevets.

Art. 6. Aussitôt après l'enregistrement des demandes, et dans les trois jours de la date du dépôt, les préfets transmettront les pièces, toujours sous le cachet de l'inventeur, au secrétariat du Comité du progrès industriel, en y joignant une copie certifiée du procès-verbal de dépôt et le récépissé constatant le versement de la taxe.

Art. 7. A l'arrivée des pièces au secrétariat du

Comité du progrès industriel, il sera procédé par le secrétaire à l'ouverture, à l'enregistrement et à l'examen des demandes, dans l'ordre de leur réception.

ART. 8. Le secrétaire du Comité admettra toutes les demandes qui seront accompagnées des pièces exigées par la loi, lorsque celles-ci seront signées par le demandeur ou un mandataire, et les transmettra, le jour même de leur arrivée, au président du Comité.

Il rejettera les demandes incomplètes et les renverra à leur auteur, avec indication sommaire des causes de rejet.

ART. 9. Le président du Comité, dans les réunions quotidiennes, remettra à chaque examinateur les demandes appartenant à sa catégorie et qui lui auront été remises par le secrétaire.

ART. 10. Chaque examinateur devra rendre compte des pièces qui lui ont été soumises, cinq jours au plus après leur remise entre ses mains.

S'appuyant sur les articles 2 et 16 de la loi et 2 du règlement, il fera valoir les motifs qui déterminent leur admission ou s'y opposent.

Le président ratifiera les conclusions de l'examinateur, s'il les approuve, et la demande sera acceptée ou rejetée.

Dans le cas où le président et l'examinateur seraient en désaccord, un vote des autres membres de la réunion tranchera la question.

Le secrétaire renverra à leur auteur les demandes rejetées par les examinateurs, avec indication sommaire des causes de rejet.

Les demandes acceptées par le Comité du progrès industriel seront inscrites sur un registre à ce destiné et communiquées au ministre de l'agriculture, du commerce et des travaux publics, avec les pièces annexées.

Art. 11. Un arrêté du ministère, constatant la régularité de la demande, sera délivré au demandeur par l'entremise des préfets ou du Comité du progrès industriel et constituera le brevet ou le certificat.

A cet arrêté sera joint le duplicata certifié de la description et des dessins, après que la conformité avec l'expédition originale en aura été reconnue et constatée.

La première expédition des brevets sera délivrée sans frais.

Toute expédition ultérieure, demandée par le breveté ou ses ayants droit, donnera lieu au payement d'une taxe de 25 francs.

Les frais de dessins, s'il y a lieu, demeureront à la charge de l'impétrant.

Art. 12. Les inventeurs dont les demandes auront été rejetées pour cause d'expropriation recevront restitution de la taxe de 25 francs qu'ils auront versée.

Les inventeurs dont les demandes auront été rejetées pour toute autre cause que pour celle d'expropriation ne recevront pas restitution des 25 francs versés préalablement par eux.

Mais ils auront le droit de représenter, dans le courant du mois qui suit le jour du rejet, leur demande rectifiée, sans payer de nouveau la taxe de

25 francs, à la condition toutefois de ne pas modifier l'objet de cette demande.

Si les inventeurs n'usent pas du droit de représentation de la demande, ou si celle-ci est rejetée une seconde fois, la somme versée reste acquise au Trésor.

SECTION III.

De la transmission et de la cession des brevets.

ART. 13. La cession totale ou partielle d'un brevet, soit à titre gratuit, soit à titre onéreux, ne pourra être faite que par acte notarié, passé en présence d'un agent de brevets qui en constatera la réalité par sa signature.

Aucune cession ne sera valable, à l'égard des tiers, qu'après avoir été enregistrée au secrétariat de la préfecture du département dans lequel l'acte aura été passé.

L'enregistrement des cessions et de tous autres actes emportant mutation sera fait sur la production et le dépôt d'un extrait authentique de l'acte de cession ou de mutation.

Une expédition de chaque procès-verbal d'enregistrement, accompagnée de l'extrait de l'acte ci-dessus mentionné, sera transmise par les préfets au secrétaire général du Comité du progrès industriel, dans les trois jours de la date du procès-verbal.

ART. 14. Il sera tenu, au Comité du progrès industriel, un registre sur lequel seront inscrites les mutations intervenues sur chaque brevet.

SECTION IV.

De la communication et de la publication des descriptions et dessins de brevets.

ART. 15. Les descriptions, dessins, échantillons et modèles des brevets et certificats délivrés resteront déposés aux archives du Comité du progrès industriel, où ils seront communiqués sans frais à toute réquisition.

Les brevets d'invention, d'addition et les certificats d'addition ne seront communiqués que six mois après leur dépôt.

Les brevets d'importation seront communiqués immédiatement après leur délivrance.

ART. 16. Tous les trois mois un arrêté, publié dans le *Moniteur*, fera connaître :

1° Les brevets d'invention, d'addition et les certificats d'addition délivrés et dont la demande aura été déposée au moins six mois auparavant;

2° Les brevets d'importation délivrés;

3° Les divers actes emportant mutation sur chaque brevet;

4° Les brevets annulés, expropriés ou déchus après délivrance.

ART. 17. Il sera publié, tous les six mois, un catalogue contenant les titres, les numéros d'ordre, les dates de dépôt et de délivrance, les noms des inventeurs ou possesseurs des brevets et certificats déjà publiés au *Moniteur*.

Ce catalogue indiquera également les mutations survenues sur chaque brevet ou certificat, ainsi que les déchéances et les expropriations.

Il sera publié, tous les six mois, une description succincte, avec croquis quand il sera nécessaire, des brevets et certificats déjà publiés au *Moniteur*. Cette description sera suffisante pour faire comprendre l'invention, l'application ou le perfectionnement mentionné dans le brevet ou le certificat.

ART. 18. Les catalogues et résumés des brevets et des certificats seront envoyés aux secrétariats des préfectures et sous-préfectures, aux bibliothèques, Chambres de Commerce et conseils de prud'hommes des principales villes de France, et partout où il sera jugé nécessaire par le ministre de l'agriculture, du commerce et des travaux publics.

. Les mêmes catalogues et résumés seront délivrés gratuitement aux agents de brevets sur leur demande.

ART. 19. La communication des brevets et pièces y annexées, des catalogues et résumés, sera faite au public pendant huit heures, tous les jours, y compris les dimanches et fêtes ordinaires.

Des salles spéciales seront réservées pour cette communication dans les bâtiments du Comité. Elles maintiendront une séparation distinctive entre les brevets expirés et les brevets existant encore.

Des employés seront attachés au service des salles de communication des brevets au public; leur nombre sera suffisant pour répondre promptement aux exigences des consultants.

ART. 20. Les employés devront remettre immédiatement les brevets qui leur sont demandés, sans observation soit sur le nombre des consultants, soit sur la quantité des brevets consultés par la même personne.

ART. 21. Aucune espèce de note ne pourra être prise sur les brevets par les consultants qu'après la remise à l'employé de toutes les pièces qui y sont annexées.

Toutefois, les consultants pourront prendre des extraits ou même des copies dans tous les catalogues et résumés publiés par le Comité et qui seront mis à leur disposition.

ART. 22. Toute plainte des consultants contre les employés, ou des employés contre les consultants, devra être portée au directeur des archives, dont la décision sera admise sans réplique par les deux parties.

ART. 23. Toute personne pourra obtenir copie d'un brevet ou certificat et des pièces annexées moyennant une indemnité de 25 francs. Les frais de dessin, s'il y a lieu, resteront en outre à la charge de l'impétrant.

Des copistes et dessinateurs seront attachés au bureau des archives et seront chargés de faire les copies des pièces demandées. Ils ne pourront, dans aucun cas, être remplacés dans leurs fonctions par des étrangers.

ART. 24. Pendant les heures de consultation du public, les brevets et les pièces annexées, les catalogues et résumés, seront toujours au complet.

La consultation par les membres du Comité ou leurs employés ne se fera qu'aux autres heures.

SECTION V.

Des expropriations privées ou publiques.

ART. 25. Le secrétaire du Comité du progrès industriel transmettra communication à l'inventeur d'une découverte ou à ses ayants droit des demandes de brevet d'addition à cette découverte.

Dans les cinq jours qui suivront cette communication, l'inventeur ou ses ayants droit devront faire connaître au secrétaire s'ils désirent s'approprier cette addition.

Dans le cas de silence ou de réponse négative de la part de l'inventeur ou de ses ayants droit, le brevet d'addition sera accordé à l'impétrant.

Dans le cas où l'inventeur ou ses ayants droit déclareront vouloir s'approprier l'addition, le Comité délibérera sur l'indemnité relative à cette addition.

Le secrétaire fera connaître le résultat de la délibération du Comité aux acquéreurs. Ceux-ci auront cinq jours pour se rétracter. Au delà de ce terme, il sera passé outre, et la cession de l'addition sera forcément faite dans le cas de silence.

Art. 26. L'inventeur exproprié par un particulier pourra exiger de lui :

Le tiers de l'indemnité immédiatement, et le reste par annuités égales jusqu'à l'expiration du brevet principal.

A défaut de payement régulier de la part de l'expropriateur, le cessionnaire aura le droit de prendre un brevet d'invention. Il aura, en outre, dans tous les cas, le droit d'exiger le payement du tiers de l'indemnité décidée par le Comité.

Art. 27. Les conditions de validité pour les cessions par expropriation privée sont les mêmes que pour les cessions volontaires.

Art. 28. Le président du Comité du progrès industriel fera connaître à l'inventeur d'une découverte expropriée pour cause d'utilité publique ou à ses ayants droit le décret impérial notifiant cette expropriation et l'indemnité accordée.

Art. 29. L'inventeur d'une découverte expropriée pour cause d'utilité publique ou ses ayants droit pourront réclamer, à la caisse de la recette générale du département où ils ont élu domicile, le payement du tiers de l'indemnité immédiatement et celui du reste par annuités égales, pendant dix ans.

CHAPITRE V.

SECTION PREMIÈRE.

Des demandes de brevets.

ART. 2. La demande sera limitée à un seul objet principal et à
ses applications.

Elle indiquera un titre renfermant la désignation sommaire et
précise de l'objet de l'invention.

Ces conditions sont déjà exigées par la loi actuelle ;
mais, jusqu'ici, on en a tenu fort peu compte. Comment en serait-il autrement, puisque l'examen auquel sont soumises les demandes de brevet consiste
seulement à constater le nombre des pièces ?

J'ai rencontré plusieurs fois des brevets comprenant plusiers objets différents, bien plus souvent des
titres n'ayant presque aucun rapport avec l'invention
qu'ils devaient désigner.

C'est là, sans contredit, une négligence inexcusa-
ble qui est la source d'abus, d'entraves et d'injusti-
ces. Cette négligence doit être rejetée sur la loi actuelle, qui, tout en exigeant que les demandes de
brevets satisfassent à certaines conditions, ne désigne personne pour en surveiller l'accomplissement.
Le Comité du progrès industriel, que je propose de

charger de ce soin, rendra en cela un véritable service aux inventeurs et à l'industrie.

Art. 2. La description devra être claire, complète et assez explicite pour que le premier venu puisse, avec le secours des dessins, reproduire l'objet dont elle fait mention.

Elle ne se bornera pas à désigner les applications ; la marche à suivre dans ces applications devra être indiquée d'une manière précise et explicite.

M. Le Senne, dans son *Code des brevets d'invention* publié tout récemment, dit, en parlant de la loi actuelle :

« Ce que la loi veut impérativement, c'est que
« l'inventeur décrive son produit, son procédé, son
« résultat d'une manière claire et suffisante pour
« que tout homme du métier puisse exécuter et
« pratiquer l'invention à la lecture de la description,
« et qu'il indique tous les moyens d'exécution d'une
« manière complète et loyale, sans dissimulation ni
« réticence. »

Et cet avocat cite plusieurs jugements à l'appui de cette interprétation de la loi.

A coup sûr, si c'est là ce que la loi actuelle veut impérativement, on ne peut que l'approuver, mais elle devrait s'exprimer d'une manière plus explicite, et désigner les qualités qu'elle entend exiger de toute description pour qu'elle soit admissible.

Les législateurs des Etats-Unis ont bien compris l'importance d'une description détaillée. Voici comment s'exprime, à cet égard, la loi sur les brevets d'invention.

« **On devra joindre à la demande de brevet, faite**
« sous forme de requête, une description manuscrite,
« avec indication de la manière de procéder, d'exé-
« cuter, de combiner ou d'utiliser la conception de
« la découverte, et en termes tellement explicites,
« clairs, exacts et sans longueur inutile, que toute
« personne de l'art soit en mesure d'exécuter le
« même ouvrage d'après cet aperçu. Quand il s'agira
« d'une machine, l'auteur en exposera le mécanisme
« et le principe, et fera ressortir la différence qui
« existe avec les machines du même genre. Il déter-
« minera surtout, d'une manière plus positive, le
« point et la partie de la combinaison ou du perfec-
« tionnement qu'il regarde comme le principal mé-
« rite de son invention. »

Si l'on pouvait parcourir tous les brevets d'invention accordés jusqu'ici en France, on verrait qu'il y
en a à peine un sur cinq dont la description soit
telle que la loi l'exige. Un pareil résultat doit faire
comprendre l'urgence d'une définition plus précise
et d'un examen préalable fait par un Comité spécial.

Art. 4. Un reçu constatant le dépôt, établi sur papier libre et
signé par le secrétaire général, sera toujours remis au demandeur.

Un reçu, constatant le dépôt des pièces exigées
pour l'obtention d'un brevet ou certificat, est nécessaire, et pour l'inventeur qui conserve ainsi entre
les mains une pièce qui lui permettra plus tard de
réclamer son brevet, et pour l'employé chargé de là

délivrance des titres, parce qu'il pourra constater aisément l'identité du déposant. Si celui-ci est un agent de brevets agissant comme mandataire, le reçu du dépôt lui devient, eu outre, une pièce presque indispensable pour se libérer auprès de l'inventeur pour lequel il agit.

Les avantages que je viens de mentionner sont tellement évidents que, malgré le silence de la loi actuelle à cet égard, l'usage de délivrer un reçu constatant le dépôt est déjà introduit au secrétariat de la préfecture de la Seine.

Il faut que la France tout entière profite des avantages qui résultent d'un pareil usage ; et, pour cela, j'ai cru nécessaire de le rendre obligatoire.

SECTION II.

De la délivrance des brevets.

Art. 10. Chaque examinateur devra rendre compte des pièces qui lui auront été soumises, cinq jours au plus après la remise entre ses mains. Le président ratifiera les conclusions de l'examinateur s'il les approuve, et la demande sera acceptée ou rejetée.

Dans le cas où le président et l'examinateur seraient en désaccord, un vote des autres membres de la réunion tranchera la question.

J'ai parlé plusieurs fois de l'examen préalable auquel je proposais de soumettre toute demande de brevet ou de certificat. C'est là, sans doute, un des points capitaux de mon projet de loi. Le but de cet examen, qui existait primitivement en France, qui existe encore aux États-Unis et en Russie, est de faire disparaître une foule de demandes de brevets inutiles et souvent nuisibles, parce qu'elles n'apportent à l'industrie que des entraves, à leurs auteurs que des désillusions et des procès; les unes, relatives à des inventions imaginaires, ne peuvent recevoir aucune application; les autres, ne mentionnant que des faits antérieurement connus, seront la source de contestations continuelles immédiatement après leur mise en exploitation.

Je ne veux pas m'étendre maintenant sur lés services qu'un Comité d'examen est appelé à rendre, ni sur les difficultés d'organisation que présente une telle institution. Je répondrai seulement à une objection qui peut être faite à l'égard de l'article 10 que je viens de citer.

Peut-être pensera-t-on que l'examen préalable des demandes de brevets, tel que je l'ai proposé, c'est-à-dire, étant réservé à un seul examinateur, ne présente pas des garanties suffisantes; qu'il est impossible de trouver un homme qui possède des connaissances assez variées et assez approfondies, pour être apte à juger la valeur des diverses demandes de brevet qui peuvent lui être confiées.

A cela je dirai que chaque examinateur, étant attaché spécialement à une catégorie, n'a besoin de connaître que les diverses branches de l'industrie qui s'y rattachent; que, d'ailleurs, les rapports sur les demandes de brevets étant lus chaque jour aux réunions du Comité, sont soumis, par conséquent, aux réflexions de tous les membres. Ainsi, l'examen est seulement préparé par chaque examinateur; en réalité, c'est au Comité tout entier qu'il est confié.

Art. 10. Les demandes acceptées par le Comité du progrès industriel seront inscrites sur un registre à ce destiné, et communiquées au ministre de l'agriculture, du commerce et des travaux publics avec les pièces annexées.

Art. 11. Un arrêté du ministère, constatant la régularité de la demande, sera délivré au demandeur par l'entremise des préfets ou du Comité du progrès industriel et constituera le brevet ou le certificat.

Le Comité du progrès industriel, dont la création constitue l'innovation la plus importante de mon projet de loi, réunit dans ses attributions tous les travaux relatifs aux brevets et certificats d'invention. Mais le contrôle général de ses actes et décisions doit être réservé au ministère de l'agriculture, du commerce et des travaux publics dont il dépend. Il convient donc que les arrêtés, constituant un brevet ou un certificat, ne soient délivrés qu'après l'examen, dans ce ministère, des pièces déposées, ainsi que des observations et décisions du Comité.

Un employé supérieur pourrait être nommé par M. le ministre, pour le remplacer dans cet examen, et serait chargé également de la surveillance générale de toutes les affaires relatives aux inventions.

Il ferait, enfin, préparer les arrêtés et les transmettrait aux préfets ou au Comité du progrès industriel, lorsqu'ils auraient été revêtus de la signature et du sceau ministériels.

SECTION IV.

*De la communication et de la publication des descriptions
et dessins de brevets.*

Je me suis étendu peut-être un peu longuement,
dans mon projet, sur les règlements relatifs à la communication des descriptions et dessins de brevets.
C'est que cette communication, suivant moi fort importante, doit être modifiée et rendue facile pour
tout le monde. C'est ainsi seulement qu'on peut espérer voir diminuer le nombre des demandes de brevet pour inventions ou perfectionnements déjà connus ; c'est ainsi qu'on remplira le but de la loi sur les
brevets, loi qui garantit à l'inventeur, au nom de la
société, l'exploitation exclusive de sa découverte,
mais qui demande en échange, pour cette même société, la révélation complète et universelle de cette
découverte.

Art. 17. Il sera publié tous les six mois une description succincte, avec croquis quand il sera nécessaire, des brevets et certificats déjà publiés au *Moniteur.* Cette description sera suffisante
pour faire comprendre l'invention, l'application ou le perfectionnement mentionné dans le brevet ou le certificat.

Les avantages qui résulteraient pour l'industrie de
la publication de descriptions succinctes et de croquis, faisant comprendre les diverses inventions,
applications ou perfectionnements brevetés ou expropriés, seraient immenses. Cette publication ne

simplifierait pas seulement les recherches des inventeurs sur l'antériorité; elle serait aussi un ouvrage indispensable pour l'industriel, parce que, mieux que tous les journaux ou annales existant actuellement, elle indiquerait, pas à pas, pour ainsi dire, la marche du progrès dans les diverses branches de l'industrie.

Cette publication ne présentera en outre aucune difficulté, si, toutefois, on adopte le projet d'un Comité spécial, comme je l'ai proposé; car l'examen préalable, que chaque examinateur doit faire subir aux demandes de brevet ou de certificat, le mettra déjà à même d'en faire le résumé. Enfin, cette publication donnera lieu à moins de frais que celle qui se fait actuellement des descriptions et dessins, après le payement de la deuxième annuité, tout en offrant l'avantage précieux d'être bien plus à la portée de tout le monde.

Art. 18. Les catalogues et résumés des brevets et des certificats seront envoyés aux secrétariats des préfectures et sous-préfectures, aux bibliothèques, Chambres de commerce et Conseils de prud'hommes des principales villes de France, et partout où il sera jugé nécessaire par le ministre de l'agriculture, du commerce et des travaux publics.

Les avantages que la société   tirer de la divulgation des découvertes doi   re généraux et atteindre aussi bien les habitants des provinces les moins avancées que ceux qui résident au centre même de la civilisation et du progrès. C'est dans ce but que je propose d'envoyer les catalogues et résumés des brevets pour inventions à toutes les sociétés auprès desquelles les particuliers pourront s'adresser pour obtenir ces renseignements. C'est dans ce but aussi que je demande qu'une circulaire ministérielle soit envoyée aux préfets, sous-préfets et présidents de comités, afin de les engager à rendre la communication au public de ces catalogues et résumés aussi facile que possible, et à faire disparaître toutes les difficultés qui, jusqu'ici, ont rendu la consultation de ces pièces fort ennuyeuse et souvent impossible pour les habitants des villes de province.

Art. 19. La communication des brevets et pièces y annexées, des catalogues et résumés sera faite au public pendant huit heures, tous les jours, y compris les dimanches et fêtes ordinaires.

Des salles spéciales seront réservées pour cette communication dans les bâtiments du Comité ; elles maintiendront une séparation distincte entre les brevets expirés et les brevets existant encore.

Des employés seront attachés au service des salles de communication des brevets au public ; leur nombre sera suffisant pour répondre promptement aux exigences des consultants.

Art. 20. Les employés devront remettre immédiatement les brevets qui leur sont demandés, sans observation, soit sur le nombre des consultants, soit sur la quantité de brevets consultés par la même personne.

La communication des brevets délivrés, qui se fait actuellement au ministère de l'agriculture, du commerce et des travaux publics, laisse tellement à désirer, qu'il serait inutile d'en faire mention ; il est impossible que les inconvénients qu'elle présente aient échappé même à ceux qui auraient intérêt à les cacher, et je suis convaincu qu'il n'est pas un homme qui soit sorti satisfait de la salle de dépôt des brevets. Sur les quatre heures de consultation que la générosité de l'administration accorde chaque jour, c'est à peine si l'on peut trouver trois heures réelles en été et deux en hiver; encore la moitié de ce temps est souvent perdue dans l'attente des brevets demandés. Je ne parle pas de la complaisance des employés, de leurs réponses souvent grossières, parfois impolies : c'est une chose reçue dans le siècle et le pays le plus civilisés; c'est là comme partout ailleurs.

On me pardonnera d'avoir insisté, dans mon projet de règlement, sur la manière dont la communication au public des brevets et pièces annexées doit être faite. C'est le triste état des choses qui m'y a poussé.

Il est nécessaire que des salles spéciales soient réservées pour la consultation des brevets par les particuliers et qu'ils y trouvent aisément tous les documents dont ils ont besoin.

Il est nécessaire que les brevets expirés soient déposés dans le même local que ceux qui existent encore, afin d'éviter aux consultants des courses inutiles.

Il est nécessaire surtout que la consultation soit possible pendant toute la journée, qu'elle soit possible les dimanches et fêtes; car bien des ouvriers, occupés le reste de la semaine, ne sont libres que pendant ces jours.

Art. 2|. Aucune espèce de note ne pourra être prise sur les brevets par les consultants, qu'après la remise à l'employé de toutes les pièces qui y sont annexées.

Toutefois, les consultants pourront prendre des extraits ou même des copies dans tous les catalogues et résumés publiés par le Comité et qui seront mis à leur disposition.

Le public doit pouvoir prendre connaissance des brevets délivrés, ainsi que de toutes les pièces qui y sont annexées; il doit surtout pouvoir consulter les descriptions et dessins et en extraire tous les documents dont il a besoin. Il paraît donc naturel d'accorder, dans les salles de communication, la faculté de prendre toute espèce de notes et de croquis sur les pièces déposées; car ce n'est pas pour lui, mais bien pour la société qu'il protége, que le gouvernement réclame de la part du breveté la divulgation complète et précise de ses inventions ou procédés, en échange de l'exploitation exclusive qu'il lui assure.

Aussi la restriction que j'ai établie dans l'article précité de mon projet de loi n'est-elle qu'apparente.

En interdisant aux consultants la faculté de prendre des notes sur les pièces mêmes qui accompagnent les brevets ou certificats, j'ai voulu éviter les embarras qui résulteraient pour l'administration de pièces authentiques abîmées ou perdues. En réalité, je n'ai fait en cela aucun tort aux consultants, qui trouveront dans les descriptions succinctes publiées par le Comité les documents dont ils ont besoin, sous une forme plus claire, plus simple et toujours aussi complète que dans les pièces rédigées par le breveté lui-même.

Art. 21. Pendant les heures de consultation du public, les brevets et les pièces anexées, les catalogues et résumés seront toujours au complet.

La consultation par les membres du Comité ou leurs employés ne se fera qu'aux autres heures.

La communication au public serait imparfaite, si, pendant les heures de consultation, tous les brevets, pièces annexées, catalogues et résumés ne se trouvaient pas au complet dans les salles de dépôt.

C'est, malheureusement, ce qui existe actuellement; chaque jour il arrive qu'on ne peut remettre un certain nombre de brevets aux consultants, parce qu'ils sont hors des cartons, soit pour l'impression ou la copie, soit pour le service de l'administration.

Pour faire disparaître cet état de choses qui prive les industriels de renseignements souvent utiles, j'ai cru devoir, dans un article spécial, établir que les pièces déposées pour la communication au public seraient toujours au complet pendant les heures de consultation.

SECTION V.

Des expropriations privées ou publiques.

J'ai déjà exposé les motifs qui m'ont conduit à admettre l'expropriation des additions ou perfectionnements au profit de l'inventeur de la découverte à laquelle ils se rattachent, ainsi que l'expropriation pour cause d'utilité publique.

La section V de mon projet de règlement renferme les diverses dispositions relatives à ces expropriations.

Art. 25. Dans le cas où l'inventeur ou ses ayants droit déclareront vouloir s'approprier l'addition, le Comité délibérera sur l'indemnité relative à cette addition.

Le secrétaire fera connaître le résultat de la délibération du Comité aux acquéreurs; ceux-ci auront cinq jours pour se rétracter. Au delà de ce terme, il sera passé outre, et la cession de l'addition sera forcément faite dans le cas de silence.

Il est inutile que le Comité fixe primitivement l'indemnité relative à une addition faite à la découverte d'un breveté, avant que celui-ci ait manifesté son intention de s'approprier cette addition; car, dans beaucoup de cas, la délibération n'aboutirait à aucun résultat.

La faculté que j'ai accordée au breveté, après la communication de l'indemnité fixée par le Comité, de se dédire de sa demande en expropriation, ne saurait être rejetée. Il peut arriver, en effet, que cette indemnité dépasse de beaucoup l'attente et les moyens de cet inventeur et qu'il préfère définitivement abandonner à un autre les profits d'un perfectionnement qu'il croit bon, il est vrai, mais non susceptible de procurer un gain en rapport avec les déboursés qu'il nécessite.

Art. 26. A défaut de payement régulier de la part de l'expropriateur, le cessionnaire aura le droit de prendre un brevet d'invention. Il aura en outre, dans tous les cas, le droit d'exiger le payement du tiers de l'indemnité décidée par le Comité.

Le Comité, après avoir fait connaître à l'inventeur d'une addition et au breveté principal, expropriateur de cette addition, l'indemnité qui y est relative et le mode de payement établi par les règlements, n'a plus à s'occuper de cette question, qui devient une simple convention particulière entre les deux parties.

Cependant il est bon de prévoir encore les cas où l'expropriateur, soit par mauvais vouloir, soit par suite de circonstances fâcheuses, ne remplit pas les conditions qu'il a acceptées. Alors, comme il est dit dans l'article 26, l'acte de cession devient nul, et l'inventeur exproprié doit recouvrer tous les bénéfices inhérents à sa découverte. Ainsi, il peut prendre immédiatement un brevet d'addition, tout en conservant le droit de réclamer, à titre de dédommagement du préjudice causé par le retard, le tiers de l'indemnité fixée par le Comité.

CHAPITRE VI.

PROJET DE RÈGLEMENT PORTANT CONSTITUTION DU COMITÉ
DU PROGRÈS INDUSTRIEL.

SECTION PREMIÈRE.

Organisation et fonctions du Comité.

ART. 1. Le Comité du progrès industriel est composé de dix membres, ainsi qu'il suit :

Un président du Comité ;

Un secrétaire ;

Cinq examinateurs des brevets ;

Un directeur des expériences ;

Un conservateur des modèles et machines ;

Un archiviste.

ART. 2. Le président, auquel sont remises toutes les demandes en règle de brevets et de certificats d'addition, transmet à chaque examinateur les demandes qui le concernent.

Il préside toutes les réunions du Comité, qu'il peut convoquer extraordinairement, quand il le juge nécessaire.

ART. 3. Le secrétaire est chargé de l'enregistrement des demandes de brevets et de certificats d'addition, du compte rendu des séances quotidiennes et extraordinaires de l'assemblée, de la correspondance, soit avec les inventeurs, soit avec les préfets.

Un ou plusieurs sous-secrétaires peuvent lui être adjoints.

Art. 4. Les examinateurs sont chargés de l'examen, du refus ou de l'admission des demandes de brevets ou de certificats d'addition portant sur des inventions ou découvertes rentrant dans la catégorie à laquelle ils sont préposés.

Ils sont, en outre, chargés de faire un résumé des inventions brevetées, ainsi qu'un croquis explicatif quand il sera nécessaire.

Un sous-examinateur peut être adjoint à chaque examinateur.

Art. 5. Le directeur des expériences est chargé de l'exécution de toutes les expériences jugées nécessaires par M. le ministre de l'agriculture, du commerce et des travaux publics.

Aucun membre du Comité ne peut faire d'expérience particulière dans les salles et avec les instruments confiés au directeur; il peut seulement, par l'entremise du président, porter à la connaissance du ministère l'utilité ou l'urgence d'une expérience.

Des aides ou expérimentateurs seront adjoints au directeur des expériences.

Art. 6. Le conservateur des machines et modèles est chargé de l'entretien des machines et instruments attachés à la salle des expériences; il est, en outre, chargé de la conservation des modèles, machines et échantillons envoyés par les particuliers ou acquis par le gouvernement, et actuellement déposés au Conservatoire des arts et métiers.

L'archiviste est chargé de la classification et de la

communication, au public ou aux divers membres du Comité, des brevets, des catalogues, résumés et pièces qui les concernent.

Des aides pourront être adjoints au conservateur et à l'archiviste.

ART. 7. Tous les membres du Comité du progrès industriel seront nommés par un décret impérial.

Les employés secondaires seront nommés par le ministre de l'agriculture, du commerce et des travaux publics, sur la présentation du président du Comité.

ART. 8. Le Comité du progrès industriel résidera à Paris.

Un bâtiment spécial lui sera affecté, et renfermera :

1° Les bureaux des membres et la salle des réunions ;

2° Les salles de dépôt de machines et instruments, ainsi que celles des expériences ;

3° Les musées de modèles et machines modèles ;

4° La bibliothèque des brevets anciens ou nouveaux, expirés ou existants, et des pièces qui s'y rattachent.

SECTION II.

Des diverses séances du Comité.

ART. 9. Dans une première séance générale et extraordinaire, le Comité partagera les diverses inventions, suivant leur objet et leur importance, en cinq catégories, à chacune desquelles sera attaché un examinateur.

Chaque année, dans une séance spéciale, le Comité modifiera, s'il y a lieu, la classification des inventions en catégories.

Art. 10. Les réunions quotidiennes du Comité seront composées du président, du secrétaire et des examinateurs.

Dans ces réunions, le président remettra à chaque examinateur les demandes qui le concernent.

Les examinateurs rendront compte des demandes antérieurement soumises à leur examen.

Art. 11. Le Comité se réunira en séance générale tous les huit jours, pour délibérer sur les indemnités d'expropriation publique ou privée, sur les récompenses, les sursis de payement et les prorogations à accorder.

Les causes d'expropriation publique seront développées par les examinateurs ou par le président.

Le Comité délibérera sur l'indemnité à accorder à l'inventeur. Sur la demande de l'inventeur d'une découverte ou de ses ayants droit, le Comité délibérera sur l'indemnité que doivent accorder cet inventeur ou ses ayants droit à l'auteur d'un changement, perfectionnement ou addition relative à cette découverte.

Le secrétaire fera connaître la décision du Comité aux deux parties.

Il y aura lieu à délibération sur la récompense à accorder à l'auteur de toute découverte concernant l'industrie, susceptible ou non d'être brevetée, quelle que soit la manière dont elle parvienne à la connaissance des membres du Comité, à la condition, toutefois, que cette découverte soit tombée dans le domaine public, sans avoir été jamais garantie par un brevet.

Il y aura lieu aussi à délibération à l'égard de toute demande de sursis de payement ou de prolongation, soit de la durée des brevets, soit du délai d'exploitation première accordé par la loi.

Les décisions du Comité seront transmises par le président au ministre de l'agriculture, du commerce et des travaux publics et confirmés, s'il y a lieu, par décret impérial.

Art. 12. Dans une séance générale et annuelle, le Comité délibérera sur les cinq questions les plus intéressantes pour le progrès de l'industrie.

A cet effet, le président soumettra les diverses idées qui auront été indiquées dans le cours de l'année, soit par les membres, soit par les particuliers.

Un décret impérial fera connaître les cinq questions adoptées par le Comité et invitera les particuliers à s'occuper de la recherche de leur solution.

Dans la même séance annuelle, le Comité délibérera sur les solutions proposées pour les questions de l'année précédente ainsi que sur les récompenses à accorder à leurs auteurs, si toutefois il y a lieu.

Ces récompenses seront indépendantes du droit d'exploitation exclusive.

Les décisions du Comité seront transmises au ministère de l'agriculture, du commerce et des travaux publics et confirmées par décret impérial.

ART. 13. Le secrétaire fera un compte rendu des séances hebdomadaires, qui sera publié tous les six mois.

Le président fera, à la fin de chaque trimestre, un rapport sur les expériences exécutées pendant ce temps par les soins du Comité. Il fera en outre, à la fin de chaque année, un rapport général sur les travaux du Comité, sur les principales découvertes, sur les progrès industriels pendant l'année écoulée.

Ces divers rapports seront publiés.

SECTION III.

Dispositions diverses.

ART. 14. Une Commission spéciale, nommée par le ministre de l'agriculture, du commerce et des travaux publics, sera chargée, sous la direction des examinateurs du Comité, d'un travail spécial sur les brevets antérieurs à la loi nouvelle.

Ce travail aura surtout pour but :

1° De faire connaître les brevets expirés ou annulés et les brevets existant encore, et d'en dresser le catalogue exact ;

2° De classer dans les cinq catégories tous les brevets ;

3° D'en donner un résumé suffisant pour en apprécier la valeur.

La Commission sera dissoute aussitôt après l'achèvement de son travail.

Art. 15. Seront dressés, imprimés, déposés aux archives et dans les salles de consultation du Comité et envoyés aux secrétariats des préfectures, sous-préfectures, aux bibliothèques, Chambres de commerce et Conseils de prud'hommes des principales villes, et partout où il sera jugé nécessaire par le ministre de l'agriculture, du commerce et des travaux publics, afin que la consultation soit facile pour tout le monde :

1° Le catalogue des brevets antérieurs à la loi nouvelle, expirés ou non ;

2° Le résumé des inventions relatives aux mêmes brevets ;

3° Le catalogue des brevets postérieurs à la loi nouvelle publié tous les six mois ;

4° Le résumé des inventions relatives aux mêmes brevets et également publié tous les six mois ;

5° Les comptes rendus du secrétaire et les différents rapports du président du Comité.

CHAPITRE VII.

DISCUSSION DU PROJET DE RÈGLEMENT PORTANT CONSTITUTION DU COMITÉ
DU PROGRÈS INDUSTRIEL.

J'ai eu déjà occasion de parler des nombreux services qu'est appelé à rendre, soit aux inventeurs, soit à l'industrie, le Comité du progrès industriel dont la constitution est établie dans le chapitre précédent. Chacune des attributions de ce Comité constitue un bienfait pour la société.

Ainsi :

Examiner les demandes de brevets et de certificats;

Donner des conseils gratuits aux inventeurs;

Éliminer les inventions déjà connues;

Rapprocher l'époque de la délivrance du brevet de celle du dépôt;

Faire publier les résumés, et faciliter la consultation des découvertes brevetées;

Indiquer à l'intelligence humaine les meilleures directions qu'elle puisse donner à ses études;

Exciter l'inventeur émérite par des éloges et des récompenses;

Fournir à l'exploitation universelle les principes fondamentaux qui lui sont nécessaires;

Telles sont les principales fonctions du Comité; tels sont aussi, on doit l'avouer, les services les plus importants que réclame l'état actuel de l'industrie.

Ayant dit toute l'utilité d'un Comité du progrès

industriel, je vais examiner quelles sont les raisons qui peuvent faire repousser sa création.

1° Cette innovation est la cause, pour l'administration, d'un surcroît d'embarras et de responsabilité qu'il est essentiel d'éviter, parce que les charges actuelles du gouvernement sont excessivement multipliées et qu'il faut tendre plutôt à les simplifier qu'à les augmenter.

Cette raison, la plus importante de toutes, est heureusement sans fondement. En effet, si l'on songe que le Comité du progrès industriel doit faire disparaître le Conservatoire des arts et métiers, le bureau des brevets, enfin, le Comité consultatif et le jury attachés au ministère de l'agriculture, du commerce et des travaux publics, on reconnaîtra que cette institution, loin d'être une surcharge pour l'administration, ne fera que simplifier une division de ses travaux en les régularisant et en les modifiant de telle sorte qu'ils satisfassent pleinement aux exigences auxquelles ils se rapportent.

2° Cette innovation donne lieu à une augmentation dans le cadre des employés et par suite à une augmentation de dépenses.

Je ne crois pas que la formation d'un Comité du progrès industriel augmente réellement le nombre des employés ; elle changera plutôt la nature de leurs fonctions. Pour les dépenses annuelles, elles varieront également fort peu, et d'ailleurs l'augmentation qu'elles pourront subir sera compensée par la perception de l'impôt fixe de 25 francs établi sur chaque brevet. Quant à la dépense première nécessitée par l'établissement du Comité dans un local convenablement approprié, elle ne saurait être regrettée. Il est à désirer que la France élève un bâtiment spécial consacré à l'industrie, où elle puisse conserver d'un côté les modèles, machines ou échantillons qui constatent les progrès successifs de ses fabriques et de ses usines; de l'autre, les archives, annales et documents, qui indiquent la marche progressive des intelligences vers le bien-être commun. Le Conservatoire des arts et métiers ne suffit plus pour cet objet.

3° Les inventeurs et les industriels trouveront toujours sujet d'attaquer les décisions du Comité, dont l'institution ne servira qu'à faire des mécontents et à susciter des reproches contre le gouvernement.

Dans aucun siècle, l'intelligence et l'instruction n'ont été aussi généralement répandues que dans le nôtre. C'est à cela sans doute qu'il faut attribuer la confiance en soi-même, qui porte chacun, depuis le plus grand jusqu'au plus petit, à commenter les actes d'autrui et spécialement ceux du gouvernement : confiance absurde, qui montre bien la nullité de nos connaissances.

Faut-il pour cela reconnaître que la raison que je viens de citer soit bonne? Assurément non. Elle est vraie; mais n'existe-t-elle pas pour s'opposer à toutes les institutions gouvernementales qui ont pour but le bien-être général? Si on y avait égard, il faudrait également abolir toutes ces institutions.

Le mieux est donc de n'en tenir compte que pour lui laisser le moins de prise possible. Que les membres du Comité soient consciencieusement choisis par le gouvernement, qu'ils s'acquittent de leurs fonctions avec zèle et intégrité ! Et si les hommes mêmes pour lesquels ils travaillent désapprouvent leurs décisions, qu'on les laisse dire ! Le temps fera justice.

SECTION PREMIÈRE.

Organisation et fonctions du Comité.

ART. 5. Le directeur des expériences est chargé de l'exécution de toutes les expériences jugées nécessaires par M. le ministre de l'agriculture, du commerce et des travaux publics.

Il existe actuellement, au Conservatoire des arts et métiers, des salles spéciales dans lesquelles le savant directeur de cet établissement fait exécuter des expériences pleines d'intérêt, dont les résultats viennent éclairer tour à tour certaines parties de l'industrie restées jusque-là obscures. Ce que je propose dans l'article précédent n'est donc point une innovation.

Il doit paraître évident, d'après la constitution du Comité du progrès industriel, que c'est à lui qu'appartient le soin de faire les expériences que nécessitent les besoins de l'industrie ; et ce sera là sans doute une de ses attributions les plus importantes.

Parmi ces expériences, les unes, ayant pour but de déterminer les propriétés physiques et spécialement les résistances des divers matériaux employés en industrie, fourniront aux constructeurs les documents précis dont ils ont besoin pour se diriger dans leurs travaux; les autres, faites sur les machines et découvertes nouvelles ou perfectionnées, en feront connaître la valeur véritable et établiront les services qu'elles sont appelées à rendre à la société.

Des rapports, rédigés et publiés tous les trois mois par les soins du président du Comité, porteront à la connaissance de tous les résultats des expériences faites pendant le trimestre écoulé.

Art. 7. Tous les membres du Comité du progrès industriel seront nommés par un décret impérial.

Le choix des membres du Comité du progrès industriel est sans doute de la plus haute importance : de lui surtout dépendent l'avenir et les résultats de cette institution, Si ces membres s'acquittent avec conscience et capacité des fonctions qui leur sont attribuées, la confiance générale s'établira bientôt et chacun reconnaîtra l'utilité de leurs travaux; si, au contraire, ils sont incompétents ou négligents, leurs actes et décisions seront attaqués par tous, et la masse ignorante et facile à se laisser influencer, surtout par le mal, criera à l'injustice d'une institution appelée à rendre les plus éminents services; on n'accusera pas l'employé, mais bien l'administration elle-même, de même qu'il arrive toujours en pareil cas.

Le gouvernement doit donc, pour éviter les plaintes des particuliers, apporter un soin et un discernement tout particuliers dans le choix des membres du Comité. Il serait bon peut-être qu'il se réservât seulement le droit de ratifier leur élection, qui serait faite par la réunion de la Chambre de commerce, des Conseils de prud'hommes et des Comités industriels de Paris; ou du moins qu'il tînt compte des avis et conseils de ces diverses sociétés.

Art. 9. Dans une première séance générale et extraordinaire, le Comité partagera les diverses inventions, suivant leur objet et leur importance, en cinq catégories, à chacune desquelles sera attaché un examinateur.

Chaque année, dans une séance spéciale, le Comité modifiera, s'il y a lieu, la classification des inventions en cinq catégories.

J'ai indiqué, dans le chapitre III, comment j'avais été conduit à diviser les inventions en cinq catégories.

J'ai reconnu même l'injustice morale d'une telle division; mais je l'ai conservée parce qu'elle m'a paru utile en pratique.

J'ajouterai seulement ici que le Comité devra apporter le plus grand soin dans le classement des inventions en catégories, afin d'éviter, autant que possible, les reproches qu'on ne peut manquer de lui adresser. Il devra également ne pas se borner à indiquer les divers genres d'inventions qui rentrent dans telle ou telle catégorie, mais bien désigner chacune de ces inventions en particulier; car l'incertitude fait naître les réclamations qui amènent toujours à leur suite le mécontentement, les plaintes et le mépris des lois.

Art. 10. Les réunions quotidiennes du Comité seront composées du président, du secrétaire et des examinateurs.

Il est inutile que le directeur des expériences et l'archiviste assistent aux réunions quotidiennes du Comité, dans lesquelles il sera seulement question des demandes de brevet ou de certificat. D'ailleurs, ils ne pourraient le faire sans nuire à leurs occupations, qu'ils doivent constamment diriger eux-mêmes.

Quant aux séances générales, qui ont lieu tous les huit jours, elles seront composées de tous les membres du Comité sans exception, parce que les diverses questions qui y sont traitées sont d'une importance majeure.

Art. 11. Il y aura lieu à délibération sur la récompense à accorder à l'auteur de toute découverte concernant l'industrie, susceptible ou non d'être brevetée, quelle que soit la manière dont elle parvienne à la connaissance des membres du Comité, à la condition, toutefois, que cette découverte soit tombée dans le domaine public, sans avoir été jamais garantie par un brevet.

Une découverte peut parfois passer dans le domaine public, sans avoir été primitivement exploitée par son auteur. Celui-ci prétend-il, en agissant ainsi, se faire connaître ou se procurer indirectement quelque bénéfice ? ou bien a-t-il été victime de circonstances malheureuses ? c'est ce que le Comité du Progrès industriel pourrait déterminer la plupart du temps. J'ai pensé qu'une indemnité, sous forme de récompense, devait être accordée à l'inventeur dépossédé, grâce au concours de circonstances indépendantes de sa volonté, de l'exploitation d'une découverte utile à la société, et j'ai donné au Comité le droit de décider dans quel cas il y aurait lieu de décerner semblable récompense.

Art. 12. Dans une séance générale et annuelle, le Comité délibérera sur les cinq questions les plus intéressantes pour le progrès de l'industrie.

. . . .

Un décret impérial fera connaître les cinq questions adoptées par le Comité, et invitera les particuliers à s'occuper de la recherche de leur solution.

Toutes les sociétés, savantes ou philanthropiques, proposent, chaque année, diverses questions à résoudre et accordent des récompenses aux auteurs des meilleures solutions. La généralité d'un pareil usage prouve incontestablement tous ses avantages, qui résultent sutout de l'impulsion donnée aux intelligences dans les directions les plus favorables à la société. Ce n'est donc point une innovation que j'ai proposée dans l'article 12 mentionné ci-dessus; c'est simplement l'application à l'industrie d'une institution dont l'utilité a été universellement reconnue.

SECTION III.

Dispositions diverses.

Art. 11. Une Commission spéciale, nommée par le ministère de l'agriculture, du commerce et des travaux publics, sera chargée, sous la direction des examinateurs du Comité, d'un travail spécial sur les brevets antérieurs à la loi nouvelle.

Ce travail aura surtout pour but :

1° De faire connaître les brevets expirés ou annulés et les brevets existant encore, et d'en dresser le catalogue exact;

2° De classer dans les cinq catégories tous les brevets;

3° D'en donner un résumé suffisant pour en apprécier la valeur.

L'industrie tout entière, les inventeurs et le Comité lui-même trouveront des ressources précieuses dans le travail que je propose. Dans l'état actuel des choses, avec des catalogues de titres inexacts et des descriptions souvent incomplètes et obscures, il est impossible de se rendre compte des inventions faites dans chaque branche. C'est seulement par une étude sérieuse et approfondie de chaque brevet ou certificat d'addition qu'on peut espérer sortir de cette fâcheuse situation. C'est ainsi seulement qu'on pourra discerner les découvertes réelles et les brevets ou certificats valables et fournir, soit au Comité, soit aux juges, tous les renseignements dont ils peuvent avoir besoin pour s'acquitter, avec connaissance de cause, des fonctions qui leur sont confiées.

Il est évident que ces études doivent être commencées immédiatement, faites avec le plus grand soin et achevées dans un temps très-court, parce que leur utilité devient chaque jour de plus en plus indispensable.

CHAPITRE VIII.

PROJET DE RÈGLEMENT CONCERNANT LA CRÉATION D'AGENCES DE BREVETS.

ART. 1. Les agents de brevets sont nommés par décret impérial.

Il y aura un agent de brevets :

1° Dans chaque chef-lieu de préfecture;

2° Dans chaque ville dont la population atteint 25,000 âmes.

Dans les villes dont la population excède 50,000 âmes, il y aura un agent de brevets pour 50,000 habitants.

Un décret impérial peut augmenter ou diminuer le nombre des agents de brevets.

ART. 2. Les agents de brevets sont soumis à la même patente que les courtiers d'assurances.

ART. 3. Les agents de brevets rédigent les actes de cession, concurremment avec les notaires; ils en attestent la vérité par leur signature.

Seuls ils ont le droit de représenter les inventeurs français ou étrangers auprès du Comité du progrès industriel.

Seuls ils ont le droit de remplacer l'inventeur dans l'accomplissement des formalités et la signature des pièces exigées par la loi, soit pour l'obtention d'un brevet ou certificat d'addition, soit pour la poursuite en demande de nullité ou de déchéance.

ART. 4. Les agents de brevets sont soumis, comme

les courtiers, aux lois promulguées dans les articles 83, 85, 86, 87, 88, 89 du Code de commerce.

Art. 5. Tout agent de brevets, convaincu d'abus de confiance à l'égard d'un client, sera puni d'une peine double de celle qui est portée généralement par la loi.

CHAPITRE IX.

DE LA CRÉATION D'AGENCES DE BREVETS.

La création d'un certain nombre d'agents de brevets reconnus par le gouvernement est, suivant moi, le complément nécessaire de la législation relative aux inventions.

Malgré les nombreuses attributions du Comité du progrès industriel, malgré les renseignements précieux qu'il est destiné à donner gratuitement à tout requérant, il y aura toujours certains services qu'il ne pourra pas rendre, parce qu'ils sont tels qu'une administration, quelque parfaite qu'elle soit, ne peut s'en charger.

Ainsi, tel inventeur qui hésite à prendre un brevet, ne discernant pas bien la valeur pratique de sa découverte, ne peut s'adresser au Comité du progrès industriel. Il en est de même de celui qui veut éviter les recherches d'antériorité ou se défaire d'un brevet déjà délivré.

Quelque réforme que l'on introduise dans la législation sur les inventions et découvertes, il en sera toujours un peu comme aujourd'hui ; il faudra toujours à l'inventeur soit un conseiller, soit un remplaçant. Ce conseiller ou ce remplaçant doit être un homme au courant, et de la situation des diverses branches de l'industrie, et des formalités relatives aux brevets ou certificats ; de plus, il doit inspirer la confiance : ce doit être un agent de brevets reconnu par le gouvernement.

Je ne veux pas dire que les hommes qui remplissent actuellement les fonctions d'agents de brevets ne soient susceptibles, ni d'inspirer la confiance publique, ni de donner à leurs clients des renseignements utiles et certains. Mais on m'accordera que cette profession, étant aujourd'hui accessible à tout le monde, peut être exercée par certains individus sans capacité ni loyauté.

Le gouvernement, qui confère à des agents ou courtiers reconnus par lui le droit exclusif de certaines négociations commerciales, ne pourrait-il en faire autant pour l'industrie ? Les agents de brevets nommés par lui auraient seuls le droit de représenter les inventeurs auprès de l'administration ; mais tout industriel pourrait toujours chercher des conseils où il lui plairait.

Quant aux dispositions proposées dans le chapitre précédent, elles m'ont paru suffisantes pour établir les droits et les devoirs des fonctionnaires auxquels elles se rapportent.

L'article 5, qui double la peine infligée aux agents de brevets convaincus d'abus de confiance, pourrait seul rencontrer quelques contradictions. Il m'a semblé que l'homme capable de ravir à un inventeur le fruit de son intelligence et d'études souvent longues et laborieuses ne méritait aucune pitié, et que l'on devait réprimer, par l'application de peines sévères, les exemples trop nombreux d'abus de confiance relatifs aux inventeurs.

RÉSUMÉ ET CONCLUSION.

Les principales modifications ou innovations que j'ai proposées dans cette première partie sont :

La division des brevets en :

Brevets d'invention relatifs aux découvertes nouvelles,

Brevets d'importation relatifs aux découvertes étrangères ou déjà connues depuis dix ans, mais non exploitées en France,

Brevets et certificats d'addition relatifs aux perfectionnements, changements ou additions;

L'examen préalable des demandes de brevet;

La facilité du payement des annuités;

La prolongation de la durée des brevets et du terme fixé pour leur exploitation;

La division des inventions en cinq catégories donnant lieu au payement d'annuités différentes;

L'expropriation privée accordée aux inventeurs des découvertes premières;

La facilité de la consultation par le public, des brevets et pièces relatives;

La création d'un Comité du progrès industriel et l'établissement de ses attributions;

La création d'agences de brevets.

Je suis bien loin de penser qu'en adoptant toutes ces modifications on rendra la loi sur les brevets d'invention conforme aux besoins actuels de l'industrie. Il n'est pas possible que, dans une question aussi étendue et aussi délicate, un homme puisse discerner exactement ce qu'il faut admettre, ce qu'il faut rejeter; il ne peut qu'indiquer les diverses idées qu'enfante son intelligence et qu'approuve son jugement. C'est là seulement ce que je prétends faire.

Que tous ceux qui s'intéressent aux progrès de l'industrie agissent de la même manière, qu'ils fassent connaître ce que l'expérience ou l'étude leur a dévoilé! Puis, que la Commission, déjà instituée par le ministère public, recueille toutes ces pensées éparses, qu'elle les examine avec attention, qu'elles les refonde une seconde fois et qu'elle en fasse enfin sortir la loi véritable, celle qui doit satisfaire à toutes les exigences du présent et de l'avenir! Qu'elle ne craigne pas de s'écarter de la législation actuelle, quand l'intérêt général l'exige, et qu'elle ne se borne pas, comme elle l'a déjà fait, à apporter un soulagement factice et éphémère, qu'il faudrait bientôt remplacer, à cause de son insuffisance.

DEUXIÈME PARTIE.

Tout fabricant qui veut pouvoir établir la distinction de sa marchandise doit, pour cela, appliquer, soit sur la marchandise elle-même, soit sur l'enveloppe qui la renferme, un signe emblématique : ce signe, qui doit être particulier à chacun, porte le nom de *marque de fabrique*.

Les marques de fabrique remontent à l'époque des premiers développements de l'industrie. On trouve en effet dans notre législation, d'abord en l'année 1666, un règlement ayant pour but de prévenir les contrefaçons aux marques de fabrique pour les draps de Carcassonne, puis en l'année 1745 des lettres patentes concernant les marques de fabrique pour les ouvrages de quincaillerie de la ville de Thiers.

Depuis la révolution deux arrêtés avaient déjà autorisé certaines marques particulières, quand survint la loi du 22 germinal an XI qui établit et sanctionna, pour la France entière, un fait accompli presque généralement déjà. L'article 16 de cette loi est ainsi conçu :

« La contrefaçon des marques particulières que « tout artisan a le droit d'appliquer sur les objets de « sa fabrication donnera lieu : 1° à des dommages-« intérêts envers celui dont la marque aura été con-« trefaite; 2° à l'application des peines prononcées ontre le faux en écritures privées. »

Sous l'empire, le décret du 11 juin 1809, complément de celui du 18 mars 1806, confia à l'institution des prud'hommes le soin de la conservation de la propriété des marques de fabrique, puis plusieurs décrets établirent des dispositions particulières en faveur de certaines industries.

Cette multiplicité de décrets et de règlements donnait lieu nécessairement à des abus et à des irrégularités. Le gouvernement le reconnut et promulgua, le 25 juin 1857, une loi spéciale réglant, d'une manière générale, les divers priviléges attachés aux marques de fabrique ainsi que les formalités, poursuites et pénalités auxquelles elles donnent lieu.

Les chapitres troisième et quatrième de la deuxième partie comprennent l'exposé et l'examen de cette loi qui laisse fort peu à désirer.

C'est dans la loi du 18 mars, portant établissement d'un conseil de prud'hommes à Lyon, qu'il est question pour la première fois des dessins de fabrique. Cette loi ne paraît désigner sous ce titre que les dessins destinés à la confection et à l'ornementation des étoffes et tentures de tout genre. Il est hors de doute pourtant que les priviléges de propriété doivent être étendus également à tout fabricant, quelle que soit la nature des matières qu'il travaille, et que l'on doit entendre par dessins de fabrique, non-seulement les dessins d'ornementation pour les tissus, mais encore ceux qui déterminent la forme même des objets de tout genre. Ainsi le fabricant de chaises, de caves à liqueur, etc., peut donner à ses produits

une forme particulière, inventée par lui, qui ne constitue pas un objet nouveau, mais une disposition
nouvelle et dont la propriété doit lui être garantie,
non plus par un brevet d'invention, mais par un certificat moins coûteux et plus facile à obtenir.

La loi du 18 mars 1806 est donc tout à fait incomplète à l'égard des dessins de fabrique ; d'abord parce
qu'elle ne s'applique qu'aux dessins pour la confection des tissus, puis parce qu'elle offre de nombreuses
lacunes, comme on pourra le voir dans les chapitres
suivants.

Il serait à désirer que l'administration supérieure,
qui s'est préoccupée, ces derniers temps, de modifier
les lois et règlements concernant les brevets d'invention et les conseils de prud'hommes, étendît aussi ses
réformes aux dessins de fabrique, et qu'une loi précise et complète fût promulguée sur ce sujet.

C'est dans l'espoir de ces réformes que j'ai consacré
les deux premiers chapitres de cette deuxième partie
à l'étude des lois relatives aux dessins de fabrique.

CHAPITRE PREMIER.

LOIS ET PROJET DE LOI SUR LES DESSINS DE FABRIQUE.

J'ai exposé dans ce chapitre, d'une part le texte de la législation, concernant les dessins de fabrique, actuellement en vigueur en France, d'autre part un projet de loi, concernant également les dessins de fabrique, et qui m'a paru répondre à tous les besoins de l'industrie:

Projet de loi sur les dessins de fabrique.

TITRE PREMIER.

DE LA CONSERVATION DE LA PROPRIÉTÉ DES DESSINS DE FABRIQUE.

ART. 1. Tout nouveau dessin de fabrique confère à son auteur le droit exclusif de l'exploiter à son profit. Ce droit est constaté par des certificats de dépôt.

ART. 2. Sont considérés comme nouveaux dessins de fabrique les dessins entièrement nouveaux et les combinaisons nouvelles de dessins déjà connus destinés, soit au travail des étoffes et tentures, soit à l'application des bois et métaux à la confection des objets de fantaisie et de nécessité.

ART. 3. Le Conseil des prud'hommes est chargé des

Extrait de la loi du 18 mars 1806, portant établissement d'un Conseil de prud'hommes à Lyon.

SECTION III.

De la conservation de la propriété des dessins.

Art. 14. Le Conseil des prud'hommes est chargé des mesures conservatrices de la propriété des dessins.

Art. 15. Tout fabricant qui voudra pouvoir revendiquer par la suite, devant le Tribunal de commerce, la propriété d'un dessin de son invention, sera tenu d'en déposer aux archives du Conseil des prud'hommes un échantillon plié sous enveloppe, revêtu de ses cachets et signature, sur lequel sera également apposé le cachet du Conseil des prud'hommes.

mesurés conservatrices de la propriété des dessins.

Art. 4. Tout fabricant ou dessinateur qui voudra pouvoir revendiquer par la suite, devant le Tribunal de commerce, la propriété d'un dessin de son invention, sera tenu d'en déposer au secrétariat du Conseil des prud'hommes deux échantillons, modèles ou représentations quelconques faisant comprendre tous les détails de l'invention. Ces pièces seront identiques, mises sous enveloppe ou dans une boîte fermée revêtue du cachet et de la signature de l'inventeur.

Art. 5. Le secrétaire apposera le cachet du Conseil des prud'hommes sur les deux pièces; il inscrira le dépôt sur un registre tenu *ad hoc* et délivrera à l'impétrant un certificat rappelant le numéro d'ordre des paquets déposés, leur objet et la date du dépôt.

Art. 6. En déposant, l'inventeur déclarera qu'il entend se réserver la propriété exclusive pendant une, trois, cinq, dix années ou à perpétuité; il sera tenu note de cette déclaration.

Art. 7. Dans les vingt-quatre heures qui suivront le dépôt, l'inventeur acquittera, entre les mains du receveur de la commune, une indemnité qui sera déterminée par le Conseil des prud'hommes et variera suivant l'objet et l'importance du dessin, de 25 centimes à 1 franc, pour chaque année de propriété temporelle, et de 5 francs à 20 francs pour la propriété perpétuelle.

Art. 8. Le dépôt des échantillons ou modèles de dessins sera reçu, pour tous les fabricants ou inventeurs quelconques, habitant hors du ressort d'un Conseil de prud'hommes, au greffe du Tribunal de com-

Art. 16. Les dépôts de dessins seront inscrits sur un registre tenu *ad hoc* par le Conseil des prud'hommes, lequel délivrera aux fabricants un certificat rappelant le numéro d'ordre du paquet déposé, et constatant la date du dépôt.

Art. 17. En cas de contestation entre deux ou plusieurs fabricants sur la propriété d'un dessin, le Conseil des prud'hommes procédera à l'ouverture des paquets qui lui auront été déposés par les parties; il fournira un certificat indiquant le nom du fabricant qui aura la priorité de date.

Art. 18. En déposant son échantillon, le fabricant déclarera qu'il entend se réserver la propriété exclusive pendant une, trois ou cinq années, ou à perpétuité; il sera tenu note de cette déclaration. A l'expiration du délai fixé par ladite déclaration, si la réserve est temporaire, tout paquet d'échantillon, déposé sous cachet dans les archives du Conseil, devra être transmis au Conservatoire des arts de la ville de Lyon et les échantillons y contenus être joints à la collection du Conservatoire.

Art. 19. En déposant son échantillon, le fabricant acquittera, entre les mains du receveur, une indemnité qui sera réglée par le Conseil des prud'hommes et ne pourra excéder 1 franc pour chacune des années pendant lesquelles il voudra conserver la propriété exclusive de son dessin, et sera de 10 francs pour la propriété perpétuelle.

merce ou au greffe du Tribunal de première instance, dans les arrondissements où les Tribunaux civils exerceront la juridiction des Tribunaux de commerce.

Art. 9. Ce dépôt se fera dans les formes prescrites pour le même dépôt au secrétariat du Conseil des prud'hommes.

L'impétrant devra, indépendamment de la taxe indiquée dans l'article 7, acquitter au greffier les droits qui lui sont dus pour la délivrance du certificat.

Art. 10. Tout mandataire accrédité pourra remplacer l'inventeur dans l'accomplissement des formalités relatives au dépôt d'un dessin de fabrique.

Art. 11. L'une des pièces déposées, soit au secrétariat du Conseil des prud'hommes, soit au greffe du Tribunal, y demeurera jusqu'à l'expiration du délai fixé par l'impétrant. Si la réserve est temporelle à l'expiration du délai, cette pièce sera envoyée au Conservatoire des arts du chef-lieu du département, qui joindra à ses collections les échantillons qu'elle renferme, ou au secrétariat de la préfecture du même département, dans le cas où le chef-lieu ne posséderait aucune institution destinée à la conservation des modèles et échantillons de l'industrie.

La deuxième pièce sera transmise immédiatement au Comité du progrès industriel, où les échantillons qu'elle renferme seront exposés dans une salle spéciale, ouverte tous les jours au public.

*Ordonnance du 17 août 1825, portant règlement sur le lieu
du dépôt légal des dessins de fabrique.*

Art. 1. Le dépôt des échantillons de dessins qui
doit être fait, conformément à l'article 15 de la loi
du 16 mars 1806, aux archives des Conseils de
prud'hommes, pour les fabriques situées dans le
ressort des Conseils, sera reçu, pour toutes les fabriques situées hors du ressort d'un Conseil de prud'-
hommes, au greffe du Tribunal de commerce, ou au
greffe du Tribunal de première instance, dans les
arrondissements où les Tribunaux civils exerceront
la juridiction des Tribunaux de commerce.

Art. 2. Ce dépôt se fera dans les formes prescrites pour le même dépôt aux archives des Conseils
de prud'hommes, par les articles 15, 16 et 18, section III, titre II de la loi du 18 mars 1806.

Il sera reçu gratuitement, sauf le droit du greffier
pour la délivrance du certificat constatant ledit
dépôt.

Le Code pénal a compris, d'une manière générale,
la contrefaçon des dessins de fabrique dans ses dispositions.

Code pénal du 19 février 1810.

Art. 425. Toute édition d'écrit, de composition
musicale, de dessin, de peinture ou de toute autre
production, imprimée ou gravée en entier ou en
partie, au mépris des lois et règlements relatifs à la

TITRE II.

DE L'ACTION CIVILE EN CONTREFAÇON.

§ 1er. — De l'action civile en contrefaçon.

ART. 12. Toute atteinte portée par un fabricant aux droits de l'inventeur d'un dessin de fabrique garanti par un certificat de dépôt constitue la contrefaçon. Ceux qui ont sciemment recélé, vendu, exposé en vente ou introduit sur le territoire français un ou plusieurs objets contrefaits sont assimilés aux contrefacteurs.

ART. 13. L'action en contrefaçon, intentée à la requête de l'inventeur ou de ses ayants droit, est portée devant les Tribunaux civils de première instance et donne lieu à des dommages-intérêts.

Les objets contrefaits, les planches, moules ou machines ayant servi à la contrefaçon seront confisqués ainsi que les bénéfices déjà réalisés par la vente de ces objets.

Le produit des confiscations sera remis à l'inventeur propriétaire ou à ses ayants droit pour l'indemniser d'autant du préjudice qu'il aura souffert; le surplus de son indemnité ou l'entière indemnité, s'il n'y a eu ni vente d'objets confisqués, ni saisie de recettes, sera réglé par les voies ordinaires.

propriété des auteurs, est une contrefaçon, et toute contrefaçon est un délit.

Art. 426. Le débit d'ouvrages contrefaits, l'introduction, sur le territoire français, d'ouvrages qui, après avoir été imprimés en France, ont été contrefaits chez l'étranger, sont un délit de la même espèce.

Art. 427. La peine contre le contrefacteur ou contre l'introducteur sera une amende de 100 francs au moins et de 2000 francs au plus, et contre le débitant une amende de 25 francs au moins et de 500 francs au plus. La confiscation de l'édition contrefaite sera prononcée, tant contre le contrefacteur que contre l'introducteur ou le débitant. Les planches, moules ou machines des objets contrefaits seront aussi confisqués.

Art. 429. Dans les cas prévus par les articles précédents, le produit des confiscations ou les recettes confisquées seront remis au propriétaire, pour l'indemniser d'autant du préjudice qu'il aura souffert ; le surplus de son indemnité, ou l'entière indemnité, s'il n'y a eu ni vente d'objets confisqués ni saisie de recettes, sera réglé par les voies ordinaires.

§ 2. — De la poursuite correctionnelle en contrefaçon.

Art. 14. La contrefaçon est un délit lorsque les faits qui la constituent ont été commis sciemment.

La poursuite du délit de contrefaçon ne peut être exercée devant les Tribunaux correctionnels qu'à la requête du ministère public.

Art. 15. Le délit de contrefaçon entraîne contre les contrefacteurs et leurs complices la condamnation à une amende de 100 francs à 2000 francs, indépendamment des dommages-intérêts.

L'inventeur, propriétaire d'un certificat, ou ses ayants droit peuvent se porter parties civiles.

Art. 16. La peine d'emprisonnement d'un mois à un an peut, en outre, être prononcée :

1° Si le contrefacteur est un ouvrier ou un employé ayant travaillé dans les ateliers ou dans l'établissement du fabricant lésé ;

2° Si le contrefacteur, s'étant associé avec un ouvrier ou un employé du fabricant, a eu ainsi connaissance du mode d'exploitation ou de confection des dessins garantis : dans ce cas l'ouvrier ou l'employé peut être poursuivi comme complice ;

3° En cas de récidive.

Il y a récidive lorsque, dans les cinq années antérieures, il a été prononcé contre le prévenu une première condamnation pour un des délits prévus par la présente loi, sans préjudice de l'application, s'il y a lieu, des dispositions du Code pénal en matière de récidive.

CHAPITRE II.

Loi du 18 mai 1806, portant établissement d'un Conseil de prud'hommes à Lyon.

SECTION III.

De la conservation de la propriété des dessins.

Lyon étant le plus grand centre de fabrication pour les tissus français, il ne faut pas s'étonner que, dans la loi portant établissement d'un Conseil de prud'hommes en cette ville, une section spéciale soit consacrée à la conservation de la propriétédes dessins, question de la plus haute importance pour les fabricants.

Malheureusement cette partie de la loi est tellement incomplète, qu'il est impossible de la laisser subsister plus longtemps ; il est nécessaire, comme je l'ai déjà dit, qu'une nouvelle loi, relative aux dessins de fabrique, répondant d'une manière précise à tous les besoins de l'industrie et du commerce, soit promulguée sans retard.

Art. 14. Le Conseil des prud'hommes est chargé des mesures conservatrices de la propriété des dessins.

La loi ne spécifie nullement de quel genre de dessins elle veut parler ; tout porte à croire, cependant, qu'il ne s'agit que des dessins relatifs aux étoffes de tout genre, et par conséquent il y a là une lacune que l'usage a déjà fait disparaître en partie.

Tout fabricant doit pouvoir conserver la propriété d'un dessin dont il est l'auteur, quel que soit le genre de ce dessin ; car la découverte d'une nouvelle forme ou d'une nouvelle décoration pour un objet déjà connu constitue une invention, aussi bien que la composition d'un nouveau dessin pour étoffes. Ce n'est même pas là qu'il y a une distinction à établir ; c'est plutôt entre les inventions d'objets nouveaux susceptibles d'être brevetés et les inventions de forme ou de décoration nouvelle qui ne doivent être garanties que par un simple dépôt fait au Conseil des prud'hommes.

Voici comment j'ai défini, dans l'article 2 de mon projet de loi, les nouveaux dessins de fabrique :

Sont considérés comme nouveaux dessins de fabrique les dessins entièrement nouveaux et les combinaisons nouvelles de dessins déjà connus, destinés soit au travail des étoffes et tentures, soit à l'application des bois et métaux à la confection des objets de fantaisie ou de nécessité.

Cette définition doit, il me semble, faire disparaître toute indécision de la part des inventeurs. En effet, d'un côté, elle comprend, de concert avec la définition des inventions susceptibles d'être brevetées, les découvertes industrielles et applicables de tout genre ; de l'autre, elle établit nettement les distinctions qui existent entre les inventions d'objets et celles de forme ou de décoration, entre les conceptions de l'industriel constructeur et celles de l'industriel artiste.

Art. 15. Tout fabricant qui voudra pouvoir revendiquer par la suite, devant le Tribunal de commerce, la propriété d'un dessin de son invention, sera tenu d'en déposer aux archives du Conseil des prud'hommes un échantillon plié sous enveloppe, revêtu de ses cachets et signature, sur lequel sera également apposé le cachet du Conseil des prud'hommes.

Art. 16. Les dépôts de dessins seront inscrits sur un registre tenu *ad hoc* par le Conseil des prud'hommes, lequel délivrera aux fabricants un certificat rappelant le numéro d'ordre du paquet déposé, et constatant la date du dépôt.

Art. 17. En cas de contestation entre deux ou plusieurs fabricants sur la propriété d'un dessin, le Conseil des prud'hommes procédera à l'ouverture des paquets qui lui auront été déposés par les parties; il fournira un certificat indiquant le nom du fabricant qui aura la priorité de date.

Il existe dans les dispositions de l'article 15, que je viens de citer, une lacune fort importante, et le principal inconvénient qui en résulte est justement indiqué par les articles 16 et 17.

En effet, le certificat délivré au fabricant ne peut indiquer l'objet du dessin dont il fait dépôt, puisque la loi n'exige de lui qu'un échantillon de ce dessin et que cet échantillon doit demeurer enfermé sous enveloppe jusqu'à l'expiration du délai de propriété ou jusqu'au moment d'une contestation.

Il me semble que les dessins de fabrique nouvellement imaginés doivent être communiqués, non-seulement au Conseil des prud'hommes, mais encore à tout requérant, quel qu'il soit; les raisons qui me déterminent dans cette opinion sont sans doute les mêmes qui ont engagé les législateurs à établir que les demandes de brevets pour inventions seraient ouvertes au ministère et communiquées au public avec toutes les pièces annexées, après la délivrance des titres.

L'examen des dessins de fabrique par le secrétaire du Conseil des prud'hommes lui permettra d'indiquer sur le certificat de dépôt la nature et l'objet du dessin; tandis que la communication au public de ces nouvelles productions, véritables inventions d'un genre particulier, contribuera puissamment à développer l'intelligence et à diriger les travaux des fabricants; en un mot, elle activera les progrès industriels, tout en diminuant le nombre des contestations.

Pour obtenir ces différents résultats, j'ai proposé dans mon projet de loi (art. 4, 5 et 11) d'exiger du fabricant le dépôt de deux échantillons identiques du dessin dont il est auteur; l'un de ces échantillons, examiné par le Conseil des prud'hommes, lui permettra d'indiquer sur le certificat délivré l'objet du dessin; l'autre sera envoyé au Comité du progrès industriel, où il sera exposé tous les jours dans une salle spéciale et ouverte au public.

Art. 19. En déposant un échantillon, le fabricant acquittera, entre les mains du receveur de la commune, une indemnité qui sera réglée par le Conseil des prud'hommes, et ne pourra excéder 1 franc pour chacune des années pendant lesquelles il voudra conserver la propriété exclusive de son dessin, et sera de 10 francs pour la propriété perpétuelle.

La loi n'indique pas de quelle manière le Conseil des prud'hommes doit régler l'indemnité relative au dépôt des dessins de fabrique : il est probable que c'est suivant l'objet et l'importance du dessin. C'est ainsi du moins que je le comprends et que je l'ai établi dans l'article 7 de mon projet de loi.

Voilà, par conséquent, une institution, établie en France depuis longues années, qui vient appuyer la proposition que j'ai faite de soumettre les brevets d'invention, d'addition ou d'importation, à une taxe proportionnelle à l'importance de la découverte dont ils font mention.

Ordonnance du 17 août 1825, portant règlement sur le lieu du dépôt légal des dessins de fabrique.

Art. 2. Le dépôt sera reçu gratuitement, sauf le droit du greffier pour la délivrance du certificat constatant ledit dépôt.

Une indemnité étant imposée aux fabricants qui désirent conserver la propriété d'un dessin de fabrique, il n'y a pas de raison de la supprimer lorsque le dépôt a lieu au greffe des Tribunaux ; autrement l'institution des Conseils de prud'hommes ne serait que préjudiciable, puisqu'elle n'apporterait aucune garantie nouvelle et donnerait lieu à une taxe toujours plus élevée que les droits dus au greffier.

Code pénal du 19 février 1810.

Toute la juridiction relative aux dessins de fabrique se trouve renfermée dans les quelques articles du Code pénal cités dans le chapitre précédent ; il est inutile, je crois, de montrer combien cette juridiction est incomplète.

Le titre II de mon projet de loi, intitulé *Des actions et poursuites en contrefaçon*, a été rédigé d'après le titre correspondant du projet de loi sur les brevets d'invention, présenté dernièrement par M. le ministre de l'agriculture, du commerce et des travaux publics ; il n'en diffère que par quelques simplifications et modifications nécessitées par la différence de l'objet auquel s'appliquent ces deux projets.

CHAPITRE III.

LOI DU 23 JUIN 1857 SUR LES MARQUES DE FABRIQUE ET DE COMMERCE.

TITRE PREMIER.

DU DROIT DE PROPRIÉTÉ DES MARQUES.

ART. 1. La marque de fabrique ou de commerce est facultative.

Toutefois, les décrets rendus en la forme des règlements d'administration peuvent, exceptionnellement, la déclarer obligatoire pour les produits qu'ils déterminent.

Sont considérés comme marques de fabrique et de commerce les noms sous une forme distinctive, les dénominations, emblèmes, empreintes, timbres, cachets, vignettes, reliefs, lettres, chiffres, enveloppes et tous autres signes servant à distinguer les produits d'une fabrique ou les objets d'un commerce.

ART. 2. Nul ne peut revendiquer la propriété exclusive d'une marque, s'il n'a déposé deux exemplaires du modèle de cette marque au greffe du Tribunal de commerce de son domicile.

ART. 3. Le dépôt n'a d'effet que pour quinze années.

La propriété de la marque peut toujours être conservée pour un nouveau terme de quinze années, au moyen d'un nouveau dépôt.

ART. 4. Il est perçu un droit fixe d'un franc pour

la rédaction du procès-verbal de dépôt de chaque marque et pour le coût de l'expédition, non compris les frais de timbre et d'enregistrement.

TITRE II.

DISPOSITIONS RELATIVES AUX ÉTRANGERS.

Art. 5. Les étrangers qui possèdent en France des établissements d'industrie ou de commerce jouissent, pour les produits de leurs établissements, du bénéfice de la présente loi, en remplissant les formalités qu'elle prescrit.

Art. 6. Les étrangers et les Français dont les établissements sont situés hors de France jouissent également du bénéfice de la présente loi pour les produits de ces établissements, si, dans les pays où ils sont situés, des conventions diplomatiques ont établi la réciprocité pour les marques françaises.

Dans ce cas, le dépôt des marques étrangères a lieu au greffe du Tribunal de commerce du département de la Seine.

TITRE III.

PÉNALITÉS.

Art. 7. Sont punis d'une amende de 50 francs à 3,000 francs et d'un emprisonnement de trois mois à trois ans, ou de l'une de ces peines seulement :

1° Ceux qui ont contrefait une marque ou fait usage d'une marque contrefaite;

2° Ceux qui ont frauduleusement apposé sur leurs produits ou les objets de leur commerce une marque appartenant à autrui ;

3° Ceux qui ont sciemment vendu ou mis en vente un ou plusieurs produits revêtus d'une marque contrefaite ou frauduleusement apposée.

Art. 8. Sont punis d'une amende de 50 francs à 2,000 francs et d'un emprisonnement d'un mois à un an ou de l'une de ces deux peines seulement :

1° Ceux qui, sans contrefaire une marque, en ont fait une imitation frauduleuse de nature à tromper l'acheteur, ou ont fait usage d'une marque frauduleusement imitée ;

2° Ceux qui ont fait usage d'une marque portant des indications propres à tromper l'acheteur sur la nature du produit ;

3° Ceux qui ont sciemment vendu ou mis en vente un ou plusieurs produits revêtus d'une marque frauduleusement imitée ou portant des indications propres à tromper l'acheteur sur la nature du produit.

Art. 9. Sont punis d'une amende de 50 francs à 1,000 francs et d'un emprisonnement de quinze jours ou de l'une de ces peines seulement :

1° Ceux qui n'ont pas apposé sur leurs produits une marque déclarée obligatoire ;

2° Ceux qui ont vendu ou mis en vente un ou plusieurs produits ne portant pas la marque déclarée obligatoire pour cette espèce de produits;

3° Ceux qui ont contrevenu aux dispositions des

décrets rendus en exécution de l'article 1er de la présente loi.

Art. 10. Les peines établies par la présente loi ne peuvent être cumulées.

La peine la plus forte est seule prononcée pour tous les faits antérieurs au premier acte de poursuite.

Art. 11. Les peines portées aux articles 7, 8 et 9 peuvent être élevées au double en cas de récidive.

Il y a récidive lorsqu'il a été prononcé contre le prévenu, dans les cinq années antérieures, une condamnation pour un des délits prévus par la présente loi.

Art. 12. L'article 463 du Code pénal peut être appliqué aux délits prévus par la présente loi.

Art. 13. Les délinquants peuvent en outre être privés du droit de participer aux élections des Tribunaux et des Chambres de commerce, des Chambres consultatives des arts et manufactures et des Conseils de prud'hommes, pendant un temps qui n'excédera pas dix ans.

Le Tribunal peut ordonner l'affiche du jugement dans les lieux qu'il détermine, et son insertion intégrale ou par extrait dans les journaux qu'il désigne, le tout aux frais du condamné.

Art. 14. La confiscation des produits dont la marque serait reconnue contraire aux dispositions des articles 7 et 8 peut, même en cas d'acquittement, être prononcée par le Tribunal, ainsi que celle des instruments et ustensiles ayant spécialement servi à commettre le délit.

Le Tribunal peut ordonner que les produits confisqués soient remis au propriétaire de la marque contrefaite ou frauduleusement apposée ou imitée, indépendamment de plus amples dommages-intérêts, s'il y a lieu.

Il prescrit, dans tous les cas, la destruction des marques reconnues contraires aux dispositions des articles 7 et 8.

ART. 15. Dans le cas prévu par les deux premiers paragraphes de l'article 9, le Tribunal prescrit toujours que les marques déclarées obligatoires soient apposées sur les produits qui y sont assujettis.

Le Tribunal peut prononcer la confiscation des produits, si le prévenu a encouru, dans les cinq années antérieures, une condamnation pour un des délits prévus par les deux premiers paragraphes de l'article 9.

TITRE IV.

JURIDICTIONS.

ART. 16. Les actions civiles relatives aux marques sont portées devant les Tribunaux civils et jugées comme matières sommaires.

En cas d'action intentée par la voix correctionnelle, si le prévenu soulève pour sa défense des questions relatives à la propriété de la marque, le Tribunal de police correctionnelle statue sur l'exception.

ART. 17. Le propriétaire d'une marque peut faire

procéder par tous les huissiers à la description détail·
lée, avec ou sans saisie, des produits qu'il prétend
marqués à son préjudice en contravention aux dispositions de la présente loi, en vertu d'une ordonnance
du président du Tribunal civil de première instance,
ou du juge de paix du canton, à défaut de Tribunal,
dans le lieu où se trouvent les produits à décrire ou
à saisir.

L'ordonnance est rendue sur simple requête et
sur la présentation du procès-verbal constatant le
dépôt de la marque. Elle contient, s'il y a lieu, la nomination d'un expert, pour aider l'huissier dans sa
description.

Lorsque la saisie est requise, le juge peut exiger
du requérant un cautionnement qu'il est tenu de
consigner avant de faire procéder à la saisie.

Il est laissé copie aux détenteurs des objets décrits
ou saisis de l'ordonnance et de l'acte constatant le
dépôt du cautionnement, le cas échéant : le tout à
peine de nullité et de dommages-intérêts contre
l'huissier.

ART. 18. A défaut par le requérant de s'être
pourvu, soit par la voie civile, soit par la voie correctionnelle, dans le délai de quinzaine, outre un
jour par cinq myriamètres de distance entre le lieu
où se trouvent les objets décrits ou saisis et le domicile de la partie contre laquelle l'action doit être dirigée, la description ou saisie est nulle de plein droit,
sans préjudice des dommages-intérêts qui peuvent
être réclamés, s'il y a lieu.

TITRE V.

Art. 19. Tous les produits étrangers portant, soit la marque, soit le nom d'un fabricant résidant en France, soit l'indication du nom ou du lieu d'une fabrique française, sont prohibés à l'entrée et exclus du transit et de l'entrepôt, et peuvent être saisis, en quelque lieu que ce soit, soit à la diligence de l'administration des douanes, soit à la requête du ministère public ou de la partie lésée.

Dans le cas où la saisie est faite à la diligence de l'administration des douanes, le procès-verbal de saisie est immédiatement adressé au ministère public.

Le délai dans lequel l'action prévue par l'article 18 devra être intentée, sous peine de nullité de la saisie, soit par la partie lésée, soit par le ministère public, est porté à deux mois.

Les dispositions de l'article 14 sont applicables aux produits saisis en vertu du présent article.

Art. 20. Toutes les dispositions de la présente loi sont applicables aux vins, eaux-de-vie et autres boissons, aux bestiaux, grains, farines et généralement à tous les produits de l'agriculture.

Art. 21. Tout dépôt de marques opéré au greffe du Tribunal de commerce, antérieurement à la présente loi, aura effet pour quinze années, à dater de l'époque où ladite loi sera exécutoire.

ART. 22. La présente loi ne sera exécutoire que six mois après sa promulgation. Un règlement d'administration publique déterminera les formalités à remplir pour le dépôt et la publicité des marques, et toutes les autres mesures nécessaires pour l'exécution de la loi.

ART. 23. Il n'est pas dérogé aux dispositions antérieures qui n'ont rien de contraire à la présente loi.

CHAPITRE IV.

EXAMEN DES LOIS SUR LES MARQUES DE FABRIQUE ET DE COMMERCE.

TITRE PREMIER.

DU DROIT DE PROPRIÉTÉ DES MARQUES.

ART. 1. La marque de fabrique ou de commerce est facultative.

Toutefois, les décrets rendus en la forme des règlements d'administration peuvent, exceptionnellement, la déclarer obligatoire pour les produits qu'ils déterminent.

La marque de fabrique est, sans aucun doute, la propriété du fabricant. Elle doit donc être facultative, ainsi que la loi l'indique. Seulement, comme l'exprimait parfaitement le décret du 11 juin 1809 (titre II, section 1re, art. 5) :

« Tout fabricant qui voudra pouvoir revendiquer
« devant les Tribunaux la propriété de sa marque,
« sera tenu d'en adopter une assez distincte des
« autres marques pour qu'elles ne puissent être con-
« fondues et prises l'une pour l'autre. »

Cette obligation à laquelle est soumis tout fabricant d'avoir une marque bien distincte est actuellement sous-entendue dans le texte de la nouvelle loi. Elle n'en doit pas moins exister pour cela; car, autrement, on verrait s'élever un grand nombre de contestations provenant de la confusion des marques adoptées par les divers fabricants.

La loi, en établissant en second lieu que la marque de fabrique peut parfois être rendue obligatoire, ne fait que conserver un usage existant depuis le commencement du siècle. En effet, un arrêté d u 23 nivôse an IX portait :

« La fabrique de quincaillerie et de coutellerie de « la République est autorisée à frapper ses ouvrages « d'une marque particulière assez distincte des « autres marques pour ne pouvoir être confondue « avec elles : la propriété de cette marque ne sera « assurée qu'à ceux qui l'auront fait empreindre sur « des tables communes déposées à cet effet dans « l'une des salles du chef-lieu de la sous-préfec- « ture. »

Les marques susceptibles d'être rendues obligatoires sont donc des marques particulières, concernant en général les principales fabriques françaises d'une même espèce, et destinées à empêcher les fraudes dans le commerce, en permettant de distinguer aisément les divers produits entre eux. Du reste, la loi ne s'oppose pas à ce que les fabricants de produits soumis à une marque obligatoire jouissent aussi du droit général, en apposant sur ces produits une deuxième marque facultative qui leur soit personnelle et exclusive.

Art. 2. Nul ne peut revendiquer la propriété exclusive d'une marque, s'il n'a déposé deux exemplaires du modèle de cette marque au greffe du Tribunal de commerce de son domicile.

Le décret du 11 juin 1809, portant règlement sur les Conseils des prud'hommes, confie à cette institution le soin de veiller à l'exécution des mesures conservatrices de la propriété des marques.

L'article 7 de ce décret était ainsi énoncé :

« Indépendamment du dépôt ordonné par l'ar« ticle 18 de la loi du 18 germinal an XI, au greffe
« du Tribunal de commerce, nul ne sera admis à in« tenter action en contrefaçon de sa marque, s'il n'a
« en outre déposé un modèle de cette marque au
« Conseil des prud'hommes. »

Mais la loi du 23 juin 1857 en a ordonné autrement. Il n'y est plus fait mention que d'un dépôt effectué au greffe du Tribunal de commerce dont les membres restent seuls chargés de la conservationdes marques.

C'est peut-être un tort. Les bienfaits dont les fabricants sont redevables à l'institution des prud'hommes sont incontestables; ils doivent donc être étendus autant que possible, et, pour cela, les attributions de ces magistrats doivent comprendre toutes les affaires contentieuses qu'ils sont susceptibles de connaître.

Pour ces motifs, il me semble que les contestations relatives aux marques de fabrique doivent être réglées par les prud'hommes, et que la conservation de ces marques ne doit être confiée au Tribunal de commerce que dans les villes où cette institution n'existe pas. Dans tous les cas, la loi aurait dû stipuler que le dépôt se ferait au greffe du Tribunal civil de première instance, dans les arrondissements où les Tribunaux civils exercent la juridiction du Tribunal de commerce.

Art. 3. Le dépôt n'a d'effet que pour quinze années. La propriété de la marque peut toujours être conservée pour un nouveau terme de quinze années , au moyen d'un nouveau dépôt.

La législation française ne garantit pas la propriété des marques pendant un temps variable, suivant la volonté du fabricant, comme elle le fait pour les dessins de fabrique. Elle établit que le dépôt n'a d'effet que pour quinze années. Cette durée me paraît bien déterminée. En effet, d'un côté il est avantageux que les marques de fabrique varient le moins possible, afin que les commerçants puissent les reconnaître plus aisément, et d'un autre côté tout fabricant doit être libre de modifier sa marque, lorsqu'il a reconnu par l'usage qu'elle était susceptible d'être confondue avec une autre.

L'article 3 énoncé ci-dessus est, d'après cela, conçu dans l'intérêt général ; mais il n'est pas assez explicite.

Il n'indique pas si le fabricant qui a fait dépôt d'une marque peut en prendre une autre différente de la première après ou même pendant la durée de ce dépôt, en renouvelant les formalités prescrites auprès du Tribunal de commerce. Enfin, il ne prescrit pas aux fabricants possesseurs d'une marque ou à leurs héritiers, en cas de décès, de prévenir le Tribunal de commerce, lorsque cette marque sera supprimée par suite de cession.

Il m'eût donc paru préférable de remplacer l'article 3 par les deux suivants :

Art. 3. Le dépôt n'a d'effet que pour quinze années. La pro-

priété de la marque peut toujours être conservée pour un nouveau terme de quinze années, au moyen d'un nouveau dépôt.

Nul ne peut modifier sa marque pendant la durée du dépôt.

Art. 4. Lorsqu'une fabrique, dont les produits sont garantis
par une marque, cesse d'exister, ses propriétaires doivent en prévenir le secrétaire du Tribunal de commerce, sous peine d'une
amende de 50 francs à 1,000 francs.

TITRE II.

DISPOSITIONS RELATIVES AUX ÉTRANGERS.

Art. 5. Les étrangers qui possèdent en France des établissements d'industrie ou de commerce jouissent, pour les produits de
ces établissements, des bénéfices de la présente loi, en remplissant
les formalités qu'elle prescrit.

Cet article me paraît bien inutile; car les législateurs qui ont établi les droits réservés aux marques
ont eu pour but de protéger les établissements français et leurs produits, quelle que fût l'origine des
fabricants eux-mêmes.

Art. 6. Les étrangers et les Français, dont les établissements
sont situés hors de France, jouissent également du bénéfice de la
présente loi pour les produits de ces établissements, si, dans les
pays où ils sont situés, des conventions diplomatiques ont établi
la réciprocité pour les marques françaises.

Cette disposition a sans doute pour but d'engager
les gouvernements des autres pays à garantir aux
fabricants français la propriété de leurs marques de
fabrique; il n'en est pas moins vrai qu'elle me paraît un peu étroite pour le siècle où nous vivons. Que

la législation française se montre grande et généreuse, qu'elle accorde à tous les fabricants, quels qu'ils soient, français ou étrangers, les bénéfices de la présente loi, et elle entraînera dans la même voie les autres législations bien plus sûrement qu'en proposant sa protection à la condition de réciprocité.

Il ne s'agit pas ici d'avantager les produits des usines et fabriques françaises, mais bien d'établir les moyens de reconnaître la propriété de chacun et de la lui garantir. Il ne doit donc plus exister, à cet égard, aux yeux de la loi, ni Français ni étrangers.

FIN.

TYPOGRAPHIE HENNUYER, RUE DU BOULEVARD, 7, BATIGNOLLES.
Boulevard extérieur de Paris.

Contraste insuffisant

NF Z 43-120-14